ÉTAT ET CAPACITÉ

DE LA

FEMME MARIÉE

PAR

PAUL-HYACINTHE LESIEUR

AVOCAT, DOCTEUR EN DROIT

> Il est juste, parce qu'il est naturel,
> que l'homme ait le pouvoir, et que la
> femme ait des droits.
>
> Jules Simon.
> (*Le Devoir*, 3ᵉ partie, ch. 8.)

AIX

ACHILLE MAKAIRE, IMPRIMEUR-LIBRAIRE

2, rue Paul-Moreau, 2

1876

ÉTAT ET CAPACITÉ

DE LA

FEMME MARIÉE

ÉTAT ET CAPACITÉ

DE LA

FEMME MARIÉE

PAR

PAUL-HYACINTHE LESIEUR

AVOCAT, DOCTEUR EN DROIT

> Il est juste, parce qu'il est naturel,
> que l'homme ait le pouvoir, et que la
> femme ait des droits.
>
> Jules Simon.
> (*Le Devoir*, 2ᵉ partie, ch. 3.)

AIX

ACHILLE MAKAIRE, IMPRIMEUR-LIBRAIRE

2, rue Pont-Moreau, 2

1876

MEIS ET AMICIS

INTRODUCTION

L'homme et la femme étant destinés à vivre unis l'un à l'autre, la nature leur a donné des aptitudes et des fonctions diverses, mais équivalentes. La société, dans ses lois, a-t-elle suivi cet exemple, et attribué à la femme comme à l'homme, des droits et devoirs divers, mais équivalents. Tel doit être l'objet de nos recherches.

C'est en réglementant l'union de l'homme et de la femme, que la société aidée de la morale a fait de cette union la base la plus noble, la plus générale et la plus solide sur laquelle elle repose elle-même : le mariage.

C'est du mariage qu'est sortie la famille, et c'est à juste titre que Pothier appelle le contrat qui le fait naître : « le « plus excellent et le plus ancien de tous les contrats.

« Il est le plus excellent, ajoute le grand jurisconsulte,
« à ne le considérer que dans l'ordre civil, parce que c'est
« celui qui intéresse le plus la société civile.

« Il est le plus ancien, car c'est le premier contrat qui
ait été fait entre les hommes [1]. »

Malgré ce double titre qui le recommandait tant, le mariage (comme beaucoup d'autres institutions), a été l'objet
de critiques bien dures. On a voulu le saper, tout d'abord,
par des détours plus ingénieux qu'adroits ; puis, laissant
tomber le masque, des socialistes outrés sont venus l'attaquer en face.

C'est au nom de la liberté que le procès a été engagé :
« Faire le mariage indissoluble, a-t-il été dit, ou mettre
« des conditions légales à sa dissolution, est attentatoire à
« la liberté au plus haut chef [2] ». Mais là n'est pas le seul
grief : on a rendu le mariage responsable, et de l'augmen-
tation de population disproportionnée aux ressources qu'offre la terre pour l'alimentation des hommes, et de l'appau-
vrissement de l'espèce ; enfin, chose plus grave : « L'ins-
« titution du mariage, ajoute l'auteur déjà cité, cause la pro-
« stitution qui en est le complément obligé, elle cause ou
« favorise d'autres plaies sociales encore, l'avortement et
« l'infanticide [3] ».

De tous ces arguments, le premier seul nous frappe ;
quant aux autres, ils nous paraissent complétement faux,

1 Pothier, *Traité du contrat de mariage*.
2 M. A. Naquet, *Mariage et famille*.
3 Idem.

surtout en présence du remède que nous propose l'auteur :
« *le mariage libre* ». Qui ne voit, en effet, que ce procédé,
s'il était mis en pratique, loin de régénérer la société, la
perdrait pour toujours, puisque sa base, la famille, n'existerait plus ; et qui ne comprend que, loin de disparaître,
la prostitution serait généralisée, sans que les crimes signa-
lés n'en soient nullement restreints.

La question de la liberté, disons-nous, mérite plus d'attention ; la femme, de même que l'homme, dont elle est
l'équivalent sur cette terre, a des droits et des devoirs ; la
société, en réglant les conditions de l'union des sexes, et en
fondant le mariage, a-t-elle respecté ces droits? a-t-elle
équitablement délimité ces devoirs ? Voilà quel doit être le
champ de notre étude ; c'est ce que nous nous proposons
de rechercher sous ce titre : *État et capacité de la femme
mariée.*

Avant d'arriver à l'étude de la condition de la femme
mariée, en Droit Romain et en Droit Français, nous jette-
rons un rapide coup d'œil sur celle de la femme mariée
dans les législations plus anciennes.

« L'histoire est aux lois ce qu'est la lumière aux objets
« qu'elle colore », a dit le premier président Henrion de
Pensey (*Éloge de Dumoulin*). C'est sous l'égide de cette
belle pensée que nous nous plaçons pour nous faire par-
donner cette petite excursion sur le domaine de l'histoire
qui peut sembler en dehors de notre sujet.

Nous croyons à l'utilité de l'histoire qui nous permet de
profiter des généreuses pensées de ceux qui nous ont pré-

cédé en ce monde, tout en évitant leurs fautes; son enseignement va nous montrer la marche lente mais sûre de l'humanité vers le progrès; il nous laissera espérer en l'avenir.

Nous avons largement puisé, pour notre travail, dans le remarquable ouvrage de l'éminent professeur, M. Gide, et nous croyons lui rendre hommage en le déclarant ici.

PREMIÈRE PARTIE

CHAPITRE Iᵉʳ

Législations Orientales

§ I

Pour les peuples de l'Orient, la seule fin du mariage, c'est la procréation des enfants ; l'État, dont l'intérêt est en jeu, impose l'union des sexes, il la réglemente, même jusqu'en ses moindres détails : les lois de Manou, de Moïse et de Mahomet en sont la preuve.

De ce principe, il ne pouvait pas sortir de grandes libertés pour la femme ; aussi, ses droits sont-ils étroits et ses devoirs nombreux. « Donner des enfants à son mari, les « élever avec soin, veiller au bien-être de la maison, s'oc-

« cuper avec intelligence de toutes les affaires domesti-
« ques, tels sont les devoirs de la femme [1]. »

En ce qui concerne l'état de la femme mariée, le caractère général qui se détache de l'ensemble des législations
orientales, c'est que, la femme, toujours en principe soumise à une autorité supérieure (celle de l'homme) par son
mariage, ne fait que changer de maître ; elle sort de sa propre famille pour passer dans celle de son mari, et la puissance maritale se substitue à la puissance paternelle ; devient-elle veuve, elle dépend de ses fils ou, à leur défaut,
des plus proches parents de son mari.

L'autorité du mari n'est pas sans bornes ; Manou, dans
son langage poétique, nous le fait voir : « L'époux et
« l'épouse ne font qu'une même personne : La femme ne
« peut être séparée de son époux ni par la vente, ni par
« l'abandon :

« Ne frappez pas, même avec une fleur, une femme
« chargée de fautes. Partout où la femme est honorée, les
« divinités sont satisfaites [2]. »

Cependant, sous ces lois, la femme est tellement la propriété du mari, qu'il peut disposer de son corps dans le cas
où son union serait stérile ; mais c'est là l'exercice d'un
droit sacré et religieux dont la loi a réglé le rite : « Lors-
« qu'on n'a pas d'enfant, la progéniture que l'on désire
« peut être obtenue pour l'union de l'épouse, convenable-
« ment autorisée, avec un frère ou un autre parent.

1 Manou, VIII. Trad. L. Jacolliot.
2 Manou, III, 45-50.

« Arrosé de beurre liquide afin que la chair ne tou-
« che pas la chair, et gardant le silence, que le parent
« chargé de cet office, en s'approchant, pendant la nuit,
« d'une veuve ou d'une femme sans enfant, engendre un
« seul fils, mais jamais un second..... Après cela que la
« femme et le parent se comportent l'un avec l'autre com-
« me une belle-fille et un père [1]. »

La polygamie est la règle dans les législations orientales ;
comment donc comprendre cette recommandation de Manou ? « Qu'une fidélité mutuelle se maintienne jusqu'à la
« mort : tel est en somme le principal devoir de la femme
« et du mari [2]. » Pour ce qui concerne la femme, il n'y a
pas de difficulté, c'est en son sens le plus absolu qu'il faut
prendre la règle ; le veuvage ne saurait la relever de ce devoir : « Une femme qui désire obtenir le même séjour de
« félicité que son mari, ne doit rien faire qui puisse lui
« déplaire, soit pendant sa vie, soit après sa mort.....
« Après avoir perdu son époux, qu'elle ne prononce pas
« le nom d'un autre homme [3]. »

Pour le mari, il lui suffit de ne pas délaisser sa femme.

Le divorce est admis, mais au profit du mari, seulement,
qui peut répudier sa femme et qui même doit le faire en
cas de stérilité.

Quant aux biens, il est facile de comprendre que, sous
une semblable législation, la femme ne saurait en avoir
beaucoup ; cependant, la loi la protège encore de ce côté ;

[1] Manou, ix, 137-138.
[2] Id., ix, 101-102.
[3] Id., v, 156-157.

elle lui assure la conservation de son patrimoine et lui donne certains moyens de l'augmenter [1].

Voilà primitivement quel était dans son ensemble la condition faite à la femme, dans la partie de l'Orient où le panthéisme est la base de la religion. Depuis Manou, cette condition ne s'est pas sensiblement améliorée ; le bouddhisme n'est pas venu donner à la femme une place plus large dans la famille ; elle reste toujours inférieure à l'homme qui est son maître. Aussi, peut-on dire d'elle encore aujourd'hui ce qui était vrai il y a plus de 3,000 ans : « La « femme est dans la maison, comme une ombre et un sim- « ple écho [2]. »

§ II

La loi mosaïque n'a pas fait à la femme une condition supérieure à celle des autres législations asiatiques. L'idée qui domine ici encore, c'est que la femme est inférieure à l'homme et qu'elle n'a été créée que pour lui. La Genèse, récit simple et naïf des premiers âges du monde, ne nous apprend-elle pas comment Dieu, trouvant qu'il n'était pas bon que l'homme fût seul, fit sortir la femme d'une côte du premier homme, et la plaça près de lui en disant : « L'homme sera ton maître, et tu seras forcée de lui obéir [3]. »

[1] Manou, III, 55 ; IX, 194-200.
[2] Nieu-Hien-Chou (Livre des lois pour le sexe).
[3] Genèse, ch. III, v. 16.

Le régime patriarcal qui régit la famille donne à l'homme le pouvoir. Les enfants, les femmes, les serviteurs, tous lui doivent respect et obéissance. Au-dessus de son autorité il n'y a plus que celle de Dieu, « qui est le père des orphelins et le juge des veuves [1]. »

La rigidité des mœurs de ces nations primitives veut que la femme entre chaste et pure au foyer domestique. La vierge est respectée de tous, mais la loi est sans pitié pour celle qui, après avoir commis une première faute, se rend plus coupable encore en souillant par sa présence la demeure de son époux ; la mort expie son crime [2].

Moïse ordonne aux Israélites de se marier dans leur tribu, afin de maintenir le partage des familles. Avant lui, déjà, les descendants d'Héber choisissaient pour épouses des femmes appartenant à leur lignée. Sara, femme d'Abraham, était sa sœur de père, quoique issue d'une mère différente ; Rebecca, femme d'Isaac, était cousine de son mari ; Rachel et Lia, femmes de Jacob, étaient également alliées de ce patriarche [3]. Moïse, en maintenant la coutume déjà établie, modifia les dispositions de la loi au sujet de la parenté seulement : « Tous les hommes prendront des fem« mes de leur tribu, et toutes les femmes prendront des « maris de la même tribu, afin que l'héritage reste dans « les familles et que les tribus ne se mêlent point ensem« ble, mais qu'elles demeurent ainsi qu'elles ont été sépa« rées par le Seigneur [4].

[1] Psaume LXVIII, 6.

[2] Deutéronome, xx, 20, 21.

[3] Genèse, xx, 12; xxiv, 15; xxix, 10.

[4] Nombres, xxxvi, 6, 7, 8, 9, 10.

« Nul homme, ajoute le lévitique, ne s'approchera de la
« femme qui est de son sang ; car elle est sa chair, et une
« telle union est un inceste [1]. »

Ces dispositions, basées sur la morale, ont, dans presque toutes les législations anciennes, trouvé leur place ;
Manou, Mahomet les ont prescrites.

Une fois entrée dans la famille, la femme israélite dépend du patrimoine de son mari ; elle a été achetée. C'est
donc un droit de propriété que le chef de famille a sur elle ;
sa mission est de lui donner des enfants qui puissent perpétuer son nom sur le livre d'Israël et de les élever.

D'ailleurs la loi mosaïque semble mettre sur le même
pied d'égalité le père et la mère dans leurs rapports avec
leurs enfants ; tous deux ont également droit au respect et
à l'obéissance de ceux qu'ils ont mis au monde. « Si un
« homme a un fils rebelle et insolent, qui ne se rende au
« commandement ni de son père, ni de sa mère, et qui en
« ayant été repris, refuse avec mépris de leur obéir ; ils le
« prendront et le mèneront aux anciens de la ville et à la
« porte où se rendent les jugements [2]. » La sentence sera
prononcée et la peine de mort sera le châtiment.

« Croissez et multipliez-vous », dit le Seigneur à l'homme et à la femme en les bénissant après les avoir créés [3].
Ces paroles, confirmées par Dieu même lors du sacrifice
d'Abraham : « Je multiplierai votre race comme les étoiles
« du ciel et comme le sable qui est sur le rivage de la

[1] Lévitique, XVIII, 6 à 17.
[2] Deutéronome, XXI, 18 à 21.
[3] Genèse, 1, 28.

« mer [1] », nous expliquent comment le mariage devait être entendu par les israélites. La polygamie, le concubinage, la répudiation étaient les conséquences forcées d'idées semblables ; aussi voyons-nous Moïse permettre à l'homme des épouses et des concubines simultanément [2]. Quant à la répudiation, il l'autorise même pour un caprice [3].

De ces mêmes idées que la femme est la propriété du mari et que sa seule mission est de lui donner des enfants, nous tirons l'explication d'un passage assez curieux de la Bible : Dans la loi patriarcale, il était enjoint au frère de prendre pour épouse la veuve de son aîné, lorsque celui-ci était mort sans laisser de postérité. Ainsi Onan, fils cadet de Juda, s'unit en mariage à Thamar, veuve de Her, son aîné, pour susciter des enfants à son frère défunt [4]. Voici quelles étaient à l'égard de ces unions les dispositions et la sanction de la loi de Moïse : « Lorsque deux frères de-
« meurent ensemble, et que l'un d'eux sera mort sans en-
« fant, la femme du mort n'en épousera point d'autre
« que le frère de son mari, qui la prendra pour femme et
« suscitera des enfants à son frère ; il donnera le nom de
« son frère à l'aîné des fils qu'il aura d'elle, afin que le
« nom de son frère ne se perde point dans Israël.

« S'il ne veut pas épouser la femme de son frère, qui
« lui est due selon la loi, cette femme ira à la porte de la
« ville, elle s'adressera aux anciens, et leur dira : Le frère

[1] Genèse, XXII, 17.
[2] Deutéronome, XXI, 15-17.
[3] Deutéronome, XXIV.
[4] Genèse, XXXVIII, 8.

« de mon mari ne veut pas susciter dans Israël le nom de
« son frère, ni me prendre pour sa femme.

« Et aussitôt ils le feront appeler et ils l'interrogeront.
« S'il répond : je ne veux point épouser cette femme-là.

« La femme s'approchera de lui devant les anciens, lui
« ôtera son soulier du pied et lui crachera au visage en di-
« sant : C'est ainsi que l'on traite celui qui ne veut pas
« établir la maison de son frère.

« Et sa maison sera appelée dans Israël la maison du
« déchaussé [1]. »

Cette coutume, si antipathique à nos mœurs, nous l'a-
vons déjà vue se manifester dans l'extrême Orient, mais
d'une manière plus brutale ; la loi de Moïse a été ici le reflet de la loi de Manou, mais l'aversion profonde que les
Hébreux professaient pour l'adultère et tout ce qui peut y
ressembler, mitigèrent un peu ce que de semblables unions
pouraient avoir de choquant.

L'adultère chez les Hébreux prenait un caractère différent, suivant que le crime avait été commis par un homme
ou par une femme ; remarquons d'abord qu'il n'était pas
essentiellement nécessaire que la femme complice fût ma-
r'ée, les fiançailles rendaient la femme indisponible de sa
personne. « Si après qu'une fille a été fiancée étant vierge,
« quelqu'un la trouve dans la ville et la corrompt,

« Vous les ferez sortir l'un et l'autre à la porte de la
« ville, et ils seront tous deux lapidés [2]. »

[1] Deutéronome, xxv, 5, 6, 7, 8, 9, 10.
[2] Deutéronome, xxii, 23, 24.

Pour l'homme il ne peut être question d'adultère qu'au cas où il a des rapports avec une femme mariée ou fiancée, puisque le concubinage et la pluralité des femmes légitimes sont permis. Pour la femme mariée ou fiancée, quel que soit son complice, elle est coupable ; une seule et même sanction frappe tous ceux qui sont convaincus du crime ; c'est la mort [1].

Nous connaissons maintenant l'état de la femme mariée chez les Hébreux, sa capacité est fort peu de chose. La loi a été très rigoureuse pour elle, ce qui ne saurait nous étonner connaissant les principes ci-dessus. En justice, le témoignage de la femme n'a pas de valeur, à l'exception de ce qui concerne les questions de l'honneur de la famille. Quant aux biens, la femme mariée peut en avoir : ce sont d'abord, ainsi que nous l'apprend l'Exode, le prix de sa virginité [2], puis certaines donations *ante nuptias* qui lui ont été faites et qui distinguent le mariage du concubinat. Enfin la succession de son père qu'elle recueille en cas de décès de celui-ci sans enfant mâle, mais dont elle n'est pour ainsi dire que dépositaire, puisqu'elle doit en remettre les biens à son premier enfant du sexe masculin qui portera le nom de son aïeul [3].

Sur ces biens, la femme n'a pas même un droit d'administration, attendu qu'elle ne peut s'obliger sans le consentement de son mari [4], et que celui-ci en est usufruitier. Ce-

[1] Deutéronome, xxii, 22 et suiv.. Lévitique, xx, 11.
[2] Exode, xxi, 10.
[3] Nombres, xxvii - xxxvi.
[4] Nombres, xxx.

pendant il faut faire une distinction : s'agit-il de la vente faite par la femme d'un bien connu du mari, celui-ci peut en réclamer les fruits auxquels il a droit comme usufruitier, mais il respectera la vente en ce qui touche la propriété, à moins que sa femme ne décède avant lui, auquel cas il devient son héritier, et, comme le bien vendu est sa propriété, il le revendiquera en restituant le prix, si toutefois ce prix n'a pas été dissipé ; s'agit-il au contraire de la vente d'un bien dont le mari ignorait l'existence, l'aliénation en aura été valable [1].

§ III

Mahomet, en prêchant aux Arabes une religion nouvelle, a transformé leurs mœurs : le Koran, mélange souvent diffus de préceptes moraux, religieux et politiques, est devenu le code d'une nation qui a occupé une large place dans l'histoire et dont l'influence, qui va en s'éteignant de jour en jour, a tenu en suspens pendant un long laps de temps, les destinées du monde Chrétien. C'est à ce titre que nous nous décidons à rechercher quelle est sous cette loi la condition faite à la femme mariée.

Moins poétique que Manou, Mahomet, en un langage rude, mais précis, trace la condition de la femme que Dieu créa pour l'homme [2]. Ce sont des êtres imparfaits ; elles

[1] Mischna, ch. viii, p. 83.
[2] Koran, xxv, 20. Traduction Kasimirski.

sont inférieures à l'homme : « Les maris ont le pas sur leurs femmes [1]. »

De ces idées, il découle, tout naturellement, que la femme est la chose de l'homme : « Vos femmes sont votre « champ, allez à votre champ comme vous voudrez [2]. » Voilà la puissance maritale dans toute sa vigueur ; sa rudesse est extrême : « Vous réprimanderez celles dont vous « aurez à craindre la désobéissance ; vous les reléguerez « dans des lits à part ; vous les battrez ; mais dès qu'elles « vous obéiront, ne leur cherchez point querelle [3]. » Quant à la femme adultère, c'est le droit de vie et de mort que la loi donne sur elle au mari : « Si vos femmes com- « mettent l'action infâme, appelez quatre témoins. Si leurs « témoignages se réunissent contre elles, enfermez-les dans « des maisons jusqu'à ce que la mort les enlève ou que « Dieu leur procure quelque moyen de salut [4]. » Enfin, comme dernier droit et que nous pourrions définir l'*abusus*, le mari peut répudier sa femme, et cela jusqu'à trois fois ; mais le prophète a réglé l'exercice de ce droit dont il recommande de ne pas user à la légère [5].

La femme au foyer domestique peut n'être pas seule ; la polygamie est de droit. Il est permis d'avoir quatre femmes, mais à condition de pouvoir les entretenir d'une manière équitable et de ne les point négliger.

[1] Koran, II, 228.
[2] Id., II, 223.
[3] Id., IV, 38.
[4] Id., IV, 19.
[5] Id., II, 226.

Une autre obligation du mari envers sa femme ou ses femmes, c'est de les doter au moment du mariage : « Les « hommes sont supérieurs aux femmes à cause des quali- « tés par lesquelles Dieu a élevé ceux-là au-dessus de cel- « les-ci, et parce que les hommes emploient leurs biens « pour doter les femmes [1]. »

Quant au *quantum* de la dot, le mari seul la fixe, mais il doit être juste et proportionné à ses moyens : « Assignez « librement à vos femmes leurs dots, et s'il leur plaît de « vous en abandonner quelque chose de plein gré, jouis- « sez-en commodément et à votre aise [2]. »

La dot, que le mari constitue à sa femme, devient sa propriété ; elle seule l'administre et en dispose, ce qui res- sort du paragraphe ci-dessus ; le mari ne saurait, même au cas de répudiation, la retenir, à moins que la femme ne se soit rendue coupable d'adultère : « Si vous désirez changer « une femme contre une autre et que vous ayez donné à « l'une d'elles cent dinars, ne lui ôtez rien [3]. » Enfin le mari, s'il a, il est vrai, un droit à la succession de la fem- me (laquelle peut se composer d'autres biens que de la dot, la femme ayant vocation à certaines successions [4]), ne saurait se constituer son héritier contre le gré de cette dernière.

Pour terminer ce résumé très succinct des droits de la femme, nous dirons qu'à la mort de son mari, l'épouse a un droit dans sa succession, droit qui se monte, si le défunt

[1] Koran, iv, 38.
[2] Id., iv, 3.
[3] Koran, iv, 24.
[4] Id., iv, 9, 12, 13, 23.

n'a pas laissé d'enfant, au quart des biens qu'il laisse, après le prélèvement des legs et le paiement des dettes, et du huitième des mêmes biens s'il laisse des enfants.

Si le mari dispose par legs de toute sa fortune, il doit assigner un legs à sa femme pour son entretien pendant un an, et, durant cette période, la femme a encore le droit d'habiter la maison de son époux décédé.

Répudiée ou veuve, la femme peut se remarier, après un temps prescrit qui est de quatre mois et dix jours. Mais si, répudiée, elle ne se remarie pas, un entretien honnête lui est dû [1].

[1] Koran, ii, 231, 235, 241, 242, iv, 8, 12, 11, 13, 15, 23.

CHAPITRE II

Législation Grecque

Séparée par la mer de l'Asie, de l'Afrique et de l'Italie, la Grèce semble avoir été destinée, par sa position, à devenir le foyer de la civilisation humaine. C'est d'elle que sont parties les plus sublimes pensées, c'est d'elle que nous tenons la plus noble philosophie.

Les Lettres, les Arts, la Législation ont atteint un degré supérieur sur cette terre, et leur influence s'est répandue sur tant de routes qui s'ouvraient devant elle.

La race Hellénique, essentiellement poétique, devait naturellement donner une large place à la femme, dans son histoire comme dans ses lois. Les récits fabuleux des premiers temps de son existence nous en témoignent assez. N'est-ce pas une femme outragée qui fut cause de la guerre de Troie. N'est-ce pas aussi pour une femme que la division se mit au camp des Grecs et vint retarder leur triomphe.

Mais laissons de côté tous ces récits légendaires, œuvre de l'imagination féconde de la race Hellénique immortalisée par le génie puissant de ses poëtes, et qui ne sont pour nous que l'écho lointain d'un passé presque inconnu pour les Grecs eux-mêmes. Pénétrons dans l'histoire vraie de ce grand peuple.

Sur les bords de l'Eurotas, Sparte, dont les aspirations libérales excitent encore l'admiration, et non loin de la mer, sur le golfe Saronique, Athènes, la ville la plus justement célèbre dans l'histoire de l'esprit humain. D'abord unies contre un danger commun, puis rivales dans une lutte fratricide qui fut la perte de toutes deux, personnifient le génie des Hellènes. Tour à tour puissantes, elles ne surent malheureusement pas former un grand empire et restèrent toujours des cités.

Le caractère de ces deux grandes villes se reconnaît aisément à leurs lois, à leurs institutions. Lacédemone représente la démocratie ; Athènes l'aristocratie.

La condition de la femme doit naturellement se ressentir de semblables institutions, et c'est ce que nous allons montrer.

La législation singulière que Lycurgue donna à Sparte ne fut pas l'œuvre de son génie ; il la trouva dans les usages, dans les mœurs. Son unique travail fut de les coordonner et de les éclaircir.

Le but poursuivi par ce législateur était uniquement de créer des hommes forts et robustes, capables de fournir des soldats à leur pays. L'égalité était la base de son système ; plus de riche, plus de pauvre. Tout est en commun, jusqu'aux repas. L'État est tout, chacun ne travaille que pour lui ; aussi l'on s'imagine aisément ce que peut devenir la famille dans une semblable législation : elle n'existe pas. Le mariage est obligatoire, mais dans cette union la femme, à Sparte, ne se marie pas, elle s'accouple à l'homme dans le seul but de donner des enfants à la patrie ; la mère le cède à la citoyenne, elle n'a pas de faiblesses maternelles : « Il est bien court, disait un jeune soldat à sa mère en lui montrant son glaive, — Fais un pas de plus, » répondit-elle. Pour arriver à faire ainsi dévoyer les sentiments les plus naturels, c'est dès leur plus tendre enfance que la cité arrache les filles et les garçons des bras de leurs parents pour les éduquer en commun. Comme conséquence de cette éducation, la loi donnait aux spartiates une égale capacité, ce dont elles étaient fières, témoin ces paroles de Gorgone, femme de Léonidas : « Il n'y a que nous qui portions des hommes [1]. »

A cette étrange législation de Lycurgue, nous opposerons celle plus raisonnée de Solon.

Si Athènes fut plus grande que Sparte, c'est à ses lois, croyons-nous, qu'il faut attribuer cette supériorité. La prospérité de l'Etat ici encore est le but vers où convergent toutes les aspirations, mais l'Etat n'exclue pas la famille, il ne s'approprie pas l'homme et la femme ; il leur laisse leur autonomie.

Le mariage pour les athéniens a un double but : créer la famille, en assurer la perpétuité. C'est un honneur que d'être chef d'une famille, c'est presque un déshonneur que d'en laisser une s'éteindre. Aussi allons-nous voir le législa-

---

[1] Plutarque, *Vie de Lycurgue.*

lateur réglementer d'une façon sévère l'institution du mariage.

Tout d'abord, il fait du mariage pour l'homme comme pour la femme, un devoir, une obligation ; le célibat donnait lieu à une action pénale. La femme ne choisit pas son époux, on le lui donne ; son père, son tuteur, ont tous pouvoirs à ce sujet. La loi elle-même parfois lui en impose un de son choix ; c'est l'héritier qui doit perpétuer le nom de sa famille paternelle.

Pour mieux protéger son institution du mariage, la loi Attique imagine un principe nouveau, la Monogamie.

Une seule épouse légitime est permise, mais ces rigueurs de la loi qui auraient pu paraître trop grandes pour un peuple voisin de l'Asie et qui en avait souvent les goûts, se trouve tempérée par le concubinage.

La concubine a tenu une large place dans la vie des athéniens. Jouissant de libertés plus grandes que la femme mariée, elle eut l'avantage d'attirer près d'elle l'homme qui naturellement était peu porté au mariage et aux plaisirs austères qu'il donne [1]. La moralité n'a pas toujours été le fait de cette grande nation de la Grèce ; les vices les plus honteux l'ont souvent infectée, et l'histoire, témoin de tant de turpitudes, nous a plus facilement transmis le souvenir de courtisanes que d'honnêtes mères de famille. Aspasie n'est-elle pas célèbre pour avoir captivé Socrate et Périclès. Alcibiade n'a-t-il pas fait parvenir jusqu'à nous le nom de Laïs, complice de ses débauches !

---

[1] Platon, *Banquet*, ch. XVI.

La femme, être faible, le cède à l'homme en force et en intelligence ; l'homme doit donc, comme mari, diriger la femme, c'est un des pouvoirs dont il est investi par le droit de la nature. Telle est en résumé la théorie d'Aristote sur les rapports de l'homme et de la femme [1]. De là découle la puissance maritale.

Dans l'Attique, cette puissance s'étend bien loin, elle se substitue à la puissance paternelle dont elle revêt presque toutes les formes, et affirme l'état d'incapacité qui pèse sur la femme sa vie durant : « Une épouse n'est destinée « qu'à veiller sur l'intérieur de la maison et à perpétuer le « nom de la famille en donnant des enfants à la républi- « que. » Voilà toute la mission de la femme sur cette « terre. Ne retrouvons-nous pas ici les principes déjà connus qui font la base des législations orientales ?

L'on aurait pu croire que la monogamie devait créer une parfaite égalité entre la femme et l'homme. Cependant il n'en est rien. Les lois grecques ne contenaient qu'en germe cette égalité que nous verrons proclamée chez les Romains.

Renfermées dans leur appartement, les femmes sont privées du plaisir de partager et d'augmenter l'agrément des sociétés que leurs époux rassemblent. La loi ne leur permet pas de sortir pendant le jour que dans certaines circonstances, et pendant la nuit qu'en voiture avec un flambeau qui les éclaire. La jalousie des athéniens va si loin [2],

1 Aristote, *Politique*, L. I, ch. 3 à 5.
2 Plutarque, *Vie de Solon* et *Vie de Périclès*.

qu'il leur est même défendu de se mettre aux fenêtres de leur maison [1].

Des fêtes particulières ont été instituées pour elles, et les hommes en sont exclus [2]. Dans les fêtes publiques au théâtre, elles ne sauraient paraître qu'accompagnées d'eunuques [3] ou d'esclaves à leur service [4].

La loi est si minutieuse, qu'elle a réglé leur costume et leur tenue. Si l'on enfreint ses prescriptions, un magistrat spécial est chargé de poursuivre et de faire rentrer dans l'ordre celle qui s'en est écartée [5].

La plus stricte fidélité était, on le conçoit facilement, exigée des femmes, il leur était même défendu, pour éviter tous soupçons, de recevoir un homme en l'absence du mari [6]. La femme adultère était répudiée immédiatement ; elle était exclue pour jamais des cérémonies religieuses ; si elle se montrait avec une parure recherchée, tout le monde était en droit de lui arracher les ornements, déchirer ses habits et la couvrir d'opprobres [7].

Un cas cependant pourrait l'excuser et même la justifier, c'était quand, par suite d'impuissance de la part de son mari, la femme, afin d'avoir un enfant, s'était livrée au plus proche parent de son mari, car alors celui-ci a transgressé la loi qui veille au maintien des familles [8].

[1] Aristophane, *Tesmoph.*, v. 797 et 801.

[2] Aristophane, *Lysist.*

[3] Térence, *Eunuch*, act. 1, sc. 2, v. 87.

[4] Théophraste, *Caractères*, ch. 11.

[5] Poll. lib. 8 et 9, 5, 112.

[6] Démosthène, C. Neœr.

[7] Eschine, in Timarch.

[8] Plutarque, *Vie de Solon.*

Comme conséquence du devoir de fidélité de la femme, la loi impose au mari l'obligation de ne pas la délaisser ; une femme peut justement se plaindre d'un abandon qui aurait duré plus d'un mois.

Le divorce, chez les athéniens, fut autorisé tant au profit de l'homme qu'au profit de la femme, mais sous des conditions très sévères et que la loi délimite. Pour l'obtenir, le mari, comme la femme, doivent s'adresser à la justice ; si c'est l'époux qui le demande, il s'expose à rendre la dot de la femme, ou du moins à lui payer une pension alimentaire fixée par la loi [1]. Si c'est la femme, il faut qu'elle comparaisse elle-même devant les juges et qu'elle leur présente sa requête [2].

Le divorce brise le mariage et fait cesser la puissance maritale ; la femme rentre dans sa famille et retombe sous l'autorité paternelle ou entre en tutelle. Cependant la loi accorde encore au mari qui répudie sa femme un droit bien extraordinaire sur sa personne, il peut lui assigner un mari [3]. Si le mari n'a pas usé de ce droit, la femme reprend la faculté de se remarier, le divorce n'étant point un obstacle au convole. La femme répudiée n'a plus aucun droit sur les enfants issus de son mariage, ils restent en la possession et sous le pouvoir du mari.

Le mariage est-il dissous par la mort du mari, la veuve retrouve sa dot qu'elle reprend, elle rentre encore sous la puissance paternelle ou sous l'autorité d'un tuteur, jusqu'à

---

1 Démosth. in Neœr.
2 Plutarque, *Vie d'Alcibiade.*
3 Plutarque, *Périclès,* XXIV, 9.

ce qu'un nouveau mariage la vienne remettre sous l'autorité d'un second mari. Mais la loi ne voit pas d'un bon œil ces secondes noces, et si elle n'en limite pas le nombre, elle prohibe toutefois le mariage à la femme qui a dépassé cinquante ans [1].

Enfin, comme dernier pouvoir du mari sur la personne de sa femme, celui-ci peut lui laisser après sa mort et par testament, un tuteur sous la puissance duquel elle se trouvera, mais il est douteux que cette faculté que la loi lui accorde puisse mettre obstacle au droit des parents à cette même tutelle.

§. II.

Nous venons de parcourir l'état ou plutot la condition de la femme mariée, on peut la résumer en peu de mots, dépendance absolue de la femme ; c'est presque une chose dont le père, le tuteur ou le mari dispose à son gré, il nous reste maintenant à rechercher quelle pouvait être la capacité de la femme mariée sous une semblable législation.

Il était naturel, qu'étant dépendante d'une autorité supérieure, en ce qui concerne sa personne, la femme n'eût aucune capacité pour ce qui regarde ses biens. On se demande avant tout, si la femme mariée était susceptible

[1] Aristote, *Politique*.

d'avoir des biens ? L'affirmative n'est pas douteuse, car chez les Athéniens, la dot occupe une place importante.

Dans le principe, Solon avait défendu aux femmes athéniennes d'apporter à leur mari, plus de trois robes et certains ustensiles de ménage ; la raison en était nous dit Plutarque (vie de Solon) : « Que le législateur ne voulait » pas que la richesse engageât des hommes à épouser des » femmes riches qu'ils n'aimeraient pas, ni que la pauvreté » n'empêchât les femmes de trouver des maris », mais par la suite l'usage contraire fut introduit, et la dot devint un élément, non seulement caractéristique, mais encore essentiel du mariage, ce fut elle qui permit de distinguer la femme légitime de la concubine.

La dot, dans la législation Attique, prit une telle place, qu'elle devint obligatoire ; c'est-à-dire, que toute femme pourrait en exiger une de son père, de ses proches parents ou de son tuteur, et en dernier lieu de l'état lui-même. Le *quantum* de cette dot était déterminé par des lois, et il était proportionné tant à la position de fortune de celui qui la devait, qu'à son degré de parenté avec la femme qui y avait droit. Un cas unique déchargeait les proches parents, le tuteur ou l'état du service de cette dot ; c'était celui où comme nous l'avons vu plus haut, la loi imposait comme mari à la femme l'héritier paternel, parceque dans ce cas, l'hérédité formait elle-même la dot.

Après le mariage et pendant toute sa durée, la dot reste entre les mains du mari, elle est même inscrite au cens, à son nom. Il n'en est pas un simple administrateur, mais bien propriétaire : quant à la femme, sa capacité tout naturellement est nulle, en ce qui concerne ses biens ; elle ne peut ni les engager, ni les aliéner.

Comme maître de la dot, le mari est chargé de nourrir, d'entretenir sa femme ainsi que les enfants, les revenus dotaux sont destinés à cela.

A la dissolution du mariage, qui, ainsi que nous l'avons vu plus haut, peut arriver soit par le divorce, soit par la mort d'un des époux, la dot devra être restituée. Mais à qui doit-elle être remise et par qui doit être fait la restitution ? Il faut distinguer : le mariage est dissous par la mort du mari, ce sont ses héritiers qui devront la dot à celui sous la puissance duquel la femme doit retomber, à moins que par testament le mari n'ait disposé de sa femme, auquel cas la dot suivant cette dernière, passera à l'institué.

Est-ce la mort de la femme qui amène la dissolution du mariage, ses héritiers, père, fils ou collatéraux auront droit à cette dot.

Enfin, arrivant la dissolution du mariage par le divorce, le mari devra restituer la dot lors du remariage de la femme si elle est encore en âge de contracter une nouvelle union, ou à sa mort.

Dans tous les cas où il y a lieu à restitution, c'est le capital qui doit être remis, et des actions spéciales (δίκη προικός, δίκη σίτου) ont été établies par la loi, et bien que d'après la loi Athénienne. l'hypothèque légale, telle que les Romains la concevaient, et telle qu'elle existe dans notre droit français, ne fût pas en pratique, l'usage constant fut d'en créer une sur les biens du mari au profit de la femme: outre cette hypothèque, la restitution de la dot se trouvait encore garantie par un droit de préférence à tous les autres créanciers du mari, du moins [1] en cas de confiscation des biens du mari.

[1] Voir pour toute cette partie concernant la dot, le remarquable ouvrage de M. Gide *Etude sur la condition privée de la Femme*, et les notes.

DEUXIÈME PARTIE

Législation Romaine

CHAPITRE Ier

S'il faut en croire Pomponius et Tite-Live [1], la Grèce aurait été le berceau du Droit Romain ; une députation envoyée de Rome pour étudier les lois de Solon et celles des autres cités grecques, aurait rapporté le texte des lois de l'Attique dont la reproduction se trouverait dans la loi des Douze Tables : malgré la grande autorité de ces auteurs, malgré aussi, deux textes du Digeste [2] qui porte des traces évidentes d'emprunts faits à la législation Grecque, cette origine Hellénique a été vivement controversée, et les recherches historiques de Vico en ont fait raison. C'est qu'en

---

[1] L. 2 § 4, *De orig. jur.*, 1, 2 ; Tite-Live, III, 31-32.
[2] L. 13, *Fin. regun.* XI : L. 4 *de colleg.* XLVII, 22.

effet, malgré de nombreuses ressemblances avec le droit de l'Attique, ressemblances que l'on explique aussi aisément que certaines analogies dans les langues de ces deux nations dont l'origine est commune, le Droit Romain est assurément un droit originaire et non d'emprunt. Il a son caractère tout spécial, caractère d'une originalité remarquable incontestable et c'est pour tel que nous le tenons [1].

L'étude de la législation Grecque, nous a fait voir quelle était la condition juridique par elle faite à la femme mariée ; celle que va nous présenter l'étude des lois Romaines, servira de preuve à notre opinion. Nous allons voir que loin de reléguer la femme au fond du Gynécée, comme cela avait lieu à Athènes, loin de lui retirer toute capacité, les Romains ont toujours fait une large place à la femme, et lui ont toujours reconnu de grands droits.

Les textes législatifs cependant, semblent quelque peu contredire cette assertion : ils nous montrent sous un jour assez sombre la condition de la femme en général, et celle de la femme mariée en particulier. « *In multis juris nostri articulis, deterior est conditio feminarum quam masculorum* » dit Papinien [2], le droit exorbitant de la *manus*, la tutelle perpétuelle, et l'incapacité de la femme sanctionnée par le sénatus-consulte Velleien, voilà autant d'arguments qui se retournent contre nous, et obscurcissent encore d'avantage le tableau.

Mais, qu'on ne s'y trompe pas : à côté de cette rigidité

---

[1] Voir : *Histoire du Droit Romain*, par M. Ch. Giraud, favorable à notre opinion. *Contra* M. Ginouillac, *De la Dot.*

[2] *L.* 9, *De statu hom.*, D. 1, 5.

de la loi, il faut faire place aux mœurs qui vont venir tempérer, modifier, presque transformer cette même loi. « *Ubi tu Gaïus, ibi ego Gaïa*[1] » telles sont les paroles que prononce la femme, au moment où son pied franchit le seuil de la demeure conjugale : N'est ce pas assez marquer énergiquement sa place ! N'est-ce pas assez dire que la femme sera au foyer domestique la compagne, et même l'égale de son époux !

« Il suffit de rappeler ces deux principes fondamentaux
» et aussi anciens que Rome elle-même, la monogamie,
» l'indissolubilité du mariage, (dit M. Gide), pour montrer
» ce que vaut l'opinion vulgaire qui représente la puissan-
» ce maritale dans l'ancienne Rome comme la plus odieuse
» des tyrannies. Il est difficile de croire que le mari fut un
» despote et la femme une esclave, là où une fidélité invio-
» lable était le devoir réciproque des époux. »

De fait, respectée de tous, objet de l'amour de son mari, elle porte son nom, partage ses honneurs et ses dignités, puisqu'elle prend sa condition, ce qui fait dire au jurisconsulte Paul, « qu'elle s'élève ou s'abaisse socialement par le mariage[2] ». Le mari est-il *consularis?* La femme devient elle-même *consularis.* Est-il *clarissimus?* Elle devient *clarissima* ; et ce n'est pas pour elle une simple satisfaction d'amour-propre, mais elle en retire pratiquement un avantage dont Gaïus nous donne un exemple. (L. 5. de *cur. fur.* XXVII, 10). Aux festins, aux théâtres comme dans les

---

1 Plutarque, *Quæst. Rom.*
2 Paul, *Frag. vat.*, § 404.

solennités publiques, sa place est marquée, c'est une place d'honneur ; est-elle dans la rue, tout le monde se range sur son passage et la dignité consulaire n'en exempte pas celui qu'elle revêt ; suivez la dans sa maison, vous la verrez au milieu de ses esclaves, distribuant à chacun son travail, élevant ses enfants, prenant part à l'administration du patrimoine avec son mari. Columelle nous trace en ces termes, le tableau d'une union parfaite : « *Erat summa reverentia cum concordia et diligentia mixta.... Nihil conspiciebatur in domo dividuum.... Sed in commune conspirabatur ab utroque, ut cum forensibus negotiis matronalis industria rationem parem faceret.* » [1]

Et puis, qu'il nous soit permis de le dire, les matrones romaines ont toujours su revendiquer leurs droits ; on peut lire avec fruit et intérêt, les récits de Tite-Live et d'Ovide [2] , sur les agitations dont Rome fut le théâtre, alors qu'il s'est agi de contraindre le luxe effréné des femmes, et y voir par quelles instances elles arrivèrent à obtenir le retrait de la loi Oppia, vingt ans après sa promulgation :

« *Feminæ ab omnibus officiis civilibus vel publicis remotæ sunt,* » lisons nous au Digeste [3]. Malgré ce principe législatif des Romains, il n'en est pas moins certain que souvent les femmes ont exercé une influence profonde sur les destinées de ce grand peuple ; sans prendre ouvertement part aux affaires publiques, on peut retrouver bien des fois

---

1 Columelle, xii, pr. *De re rust.*
2 Ovide, *Fastes,* i, 620. Tite-Live, v, 25.
3 L. 2, Dig *De reg. jur.*

des traces indirectes de leur présence et l'histoire nous a transmis des noms qui attestent de cette puissance occulte.

« Partout les hommes gouvernent les femmes ; et nous » qui gouvernons tous les hommes, ce sont nos femmes » qui nous gouvernent » s'écriait Caton l'Ancien, dans une de ses boutades familières : peut-être disait-il trop vrai !

CHAPITRE II

Des différentes sortes d'union reconnues par la loi

La loi Romaine reconnaît plusieurs espèces d'union des sexes : Au premier rang figure le mariage qui se divise lui-même en *matrimonium justum* ou *matrimonium ex jure gentium*, suivant que le *jus connubii* existe ou n'existe pas entre les époux, puis en *strictum* ou *laxum matrimonium* selon que la femme est ou n'est pas *in manu mariti*.

En second lieu, nous trouvons le concubinat, union licite, réglée même par la loi, et qui, ainsi que nous pourrons le voir par la suite, diffère essentiellement du concubinage comme nous l'entendons dans nos mœurs.

Enfin le *Contubernium*, qui n'est autre que l'union continue de deux esclaves, ou de deux personnes dont l'une est esclave.

§ 1.

JUSTÆ NUPTIÆ

« *Nuptiæ autem, sive matrimonium, est viri et mulieris*
» *conjunctio individuam vitæ consuetudinem continens* [1] ».
Telle est la belle définition que Justinien nous donne du
mariage. Deux idées en découlent: 1° Les *Justæ Nuptiæ*
impliquent l'union de deux personnes de sexe différent,
2° cette union fait naître entre les époux une égalité parfaite dans le sens que nous avons déjà indiqué.

Cette haute conception du mariage chez les Romains ne
date pas de Justinien, le Christianisme n'y est rien venu ajouter ainsi qu'on pourrait le croire, car au temps du Paganisme, Modestin avait déjà dit : « *Nuptiæ sunt conjunctio maris*
et feminæ, et consortium omnis vitæ, divini et humani juris
communicatio. [2] » Ces derniers mots exprimaient l'association de la femme au culte des dieux domestiques, culte
sacré pour les Romains, et dont la préoccupation de sa
perpétuité chez eux, a dicté nombre de lois.

Les Romains, tout en plaçant le mariage sous la protection des divinités supérieures, n'ont jamais cependant fait
de sa célébration un acte public sanctionné par la loi ; ce
fut toujours pour eux un contrat rangé dans la classe des

[1] Justinien, *De patria potestate.*
[2] L. 1, D. *De ritu nupt.*, 23, 2

actes privés ; c'est ce que disent expressément les empereurs Théodose et Valentinien *(L. 22. Cod. de Nuptiis)*. Il faut arriver jusqu'à Justinien, pour rencontrer l'obligation de manifester en certaines formes la volonté de contracter mariage, encore ne l'a-t-il imposée qu'aux dignitaires : ces formes consistaient dans l'*Instrumentum dotale* [1].

Mais en disant que le mariage était un simple contrat, nous croyons qu'il est bon de rappeler de combien de formes gracieuses et symboliques les mœurs étaient venues entourer l'accomplissement de cet acte. Festus, Pline, Juvenal, les juriconsultes eux-mêmes, nous indiquent avec quelle pompe la jeune mariée, voilée du *flammeum*, portant une quenouille, un fuseau et du fil, se présentait à la demeure conjugale, parée pour cette occasion de fleurs et de guirlandes, où son époux la recevait en lui remettant des clefs, prononçait des paroles consacrées et lui communiquait l'eau et le feu [2].

De ce que le mariage est, disons-nous, un contrat, il s'en suit que son élément constitutif est le consentement. *Nuptias non concubitus, sed consensus facit*, dit Ulpien [3], mais le seul consentement ne suffit pas, il faut encore quelque chose de plus, c'est la tradition de la femme ; le mari doit être mis, d'une manière quelconque en possession de sa femme à titre d'*uxor*. Cette opinion que de nombreux textes viennent soutenir, [4] n'est en rien contraire à la maxime

[1] Novelles 74, ch. 4, 5 ; et 117, ch. 4.
[2] Festus, aux mots *Flammeum, Nuptiæ, Claris* ; Pline, liv. 8, titre 48 ; Juvenal, satire 6, v. 235, satire 10, v. 333 ; Dig. 24, 1, 66 § 1.
[3] L. 30, D. *De reg. jur*
[4] Sentences de Paul, 11, xix ; 8. L. 5. D. *De ritu nup.* L. 68, § 1, *De donat. int. vir et ux.* D. 24, 1.

d'Ulpien ; car en effet, cette dernière veut dire que la seule cohabitation n'implique pas le mariage, et que le mariage n'implique pas cohabitation effective.

A côté de l'élément constitutif du mariage, nous poserons succinctement les conditions nécessaires à sa validité, sans entrer toutefois dans les détails de cette matière qui sont hors de notre sujet : Ulpien [1] les porte au nombre de trois :

« *Justum matrimonium est, si inter eos qui nuptias contrahunt, connubium sit ; et tam masculus pubes, quam femina potens sit ; et utrique consentiant, si sui juri sunt, aut etiam parentes eorum si in potestate sunt :* »

1° La puberté chez l'homme, la nubilité chez la femme (l'âge de 12 ans fixait cette époque pour la femme).

2° Le consentement non seulement des époux, mais encore de certaines personnes ; ce sont celles sous la puissances desquelles se trouve ou se trouvera à un moment donné celui qui veut contracter mariage. « *Nuptiæ consistere non possunt, nisi consentiunt omnes : id est qui coeunt, quorumque in potestate sunt :* [2] » pour ce qui regarde la femme, elle n'a besoin absolument que du consentement de celui sous la puissance duquel elle est directement. Si donc ayant son père et son aïeul, ce dernier étant le chef, son consentement seul sera nécessaire : « *Neptis si nubat, voluntas et auctoritas avi sufficiet,* » nous dit le jurisconsulte Paul [3], et cela s'explique logiquement dans la législation Romaine : l'aïeul *paterfamilias*, peut bien s'il lui plaît faire sortir,

[1] Frag. d'Ulpien, tit. v, § 2.
[2] D. 2, *De ritu nupt.*
[3] L. 16 § 1, *De ritu nupt.*

sans le consentement de son fils, un membre qui devrait retomber sous la puissance de ce dernier, mais en sens inverse il ne peut sans la volonté de son fils mettre quelqu'un sous sa puissance ; il lui faut respecter la règle : « *Nemini irrito heres suus agnoscitur*, » or en mariant sa petite fille, ses enfants ne doivent pas tomber sous sa puissance, mais sous celle du grand-père maternel ou du mari.

Le droit de consentir au mariage étant un attribut de la puissance paternelle, on aurait pu croire que le père de famille avait la faculté, d'une part d'imposer sa volonté, d'autre part de refuser son consentement ; mais, la loi, qui rarement se mêlait des questions de famille, en cette occasion, est venue s'opposer à l'abus de cette puissance. Ainsi voyons-nous au Digeste cette première règle posée en faveur du fils : « *Non cogitur filius familias uxorem ducere* [1]. » mais qu'on se souvienne de la rigidité des lois Romaines, le consentement une fois donné reste valable, fut-il le résultat de la crainte ou de la violence [2]. En ce qui concerne la fille, la loi est moins généreuse ; le père a pu lui choisir un époux qu'elle refusera dans un cas unique : « *Si indignum moribus, vel turpem sponsum ei pater eligat.* »

Le père ne peut pas non plus, condamner son fils et sa fille au célibat, la loi Julia imposait au père de famille non seulement l'obligation de les marier, mais encore de les doter suivant sa fortune. Et la constitution des empereurs Septime-Sévère et Antonin Caracalla à laquelle remonte

[1] L. 21, *De ritu nupt.*
[2] L. 22, *De ritu nupt.*

cette disposition, considérait comme refus l'inactivité du père : « *Prohibere autem videtur qui conditionem non quæ-rit* [1] ». Enfin dans sa sollicitude pour le mariage, la loi avait prévu le cas où le *paterfamilias* serait dans l'impossibilité de donner son consentement, soit par suite de folie, soit par suite de captivité ou d'absence ; elle autorisait alors le mariage sous certaines conditions assez rigoureuses, pour ne pas trop porter atteinte à la puissance paternelle [2].

Enfin l'homme ou la femme sont-ils *sui juris?* Ils peuvent se marier sans consulter personne ; nous ferons ici toutefois, deux restrictions en ce qui concerne les femmes : 1° à l'époque où la tutelle perpétuelle les frappait, l'*auctoritas tutoris* était nécessaire pour elles [3]. Puis deux constitutions, la première, due aux empereurs Valens, Valentinien et Gratien, la seconde à Honorius et Théodose le Jeune [4], modifièrent sensiblement la condition des femmes *sui juris*, filles ou veuves, elles ne peuvent plus se marier librement avant l'âge de 25 ans révolus, sans avoir le consentement de leur père, à son défaut de leur mère, et en dernier lieu celui de leurs plus proches parents.

D'ailleurs le consentement n'a besoin d'aucune forme solennelle pour se manifester : il peut être exprès ou tacite ; mais il doit précéder le mariage [5].

[1] Marcien, L. 19, *De ritu nup.*

[2] Inst. pr. *in fine de nuptiis*, L. 23 C. *de nupt*. L. 12 § 3 D. *de capt. et post.*

[3] Ulp., xi. § 21.

[4] LL. 10 et 20 Code *De nupt.*, v. 4.

[5] L. 5, Code *De Nupt.*

3° « *Connubium est uxoris jure ducendæ facultas* [1]. » Telle est la définition que nous donne Ulpien de cette troisième condition nécessaire au mariage : Dans son véritable sens, le *connubium* désigne la capacité relative de s'unir à telle ou telle personne : cette capacité de s'unir en justes noces, existait entre les citoyens romains seulement, mais elle pouvait des fois être accordée avec d'autres personnes; c'est ce que nous apprend Ulpien : « *Connubium habeant cives romani cum civibus romanis ; cum latinis autem et peregrinis, ita si concessum sit.* » [2] Entre citoyens romains le *connubium* n'existe pas toujours. L'agnation, la cognation et l'alliance dans des limites précisées par les textes auxquels nous nous référons, y faisaient obstacle. Tous ces empêchements reposent en général sur une morale naturelle, et sauf de légères modifications, on les retrouve dans toutes les phases de la législation romaine. Mais nous allons en citer d'autres, qui, puisant leur source, soit dans des usages, soit dans des textes de lois, disparaissent petit à petit et finissent par tomber à mesure que la législation romaine se dégageait de ses limites étroites dans lesquelles l'esprit tenace des descendants de Romulus l'enfermait, où naquirent sous l'influence des idées surgies du Christianisme.

Ces différents empêchements sont au nombre de huit. Ce sont dans leur ordre chronologique :

1° La loi des Douze-Tables, au dire de Tite-Live [3], prohibait le mariage entre patriciens et plébeïens. D'après Cicé-

---

[1] Ulp. Reg., titre III § 2.
[2] Id. § 4.
[3] Tit. IV, n° 1 et suiv.

ron l'origine de cette prohibition remonterait aux derniers décemvirs : « *Qui, duabus tabulis iniquarum legum additis,* « *quibus, etiam quæ dijunctis populis tribui solent, connubia,* « *hæc illi ut ne plebei cum patribus essent, in humanissima* « *lege sanxerunt.* » [1] Mais en même temps le grand orateur nous apprend que cette disposition ne dura pas : « *Quæ postea plebiscito canuleio abrogata est* », c'est-à-dire vers l'an 309 ou 310 de Rome.

2° D'après un fragment de Celse au Digeste, nous apprenons que le mariage était encore interdit entre ingénus et affranchis, et que ce fut la loi *Papia* qui fit disparaître cette prohibition. « *Lege Papia cavetur omnibus ingenuis præter* « *senatores eorumque liberos, libertinam uxorem habere li-* « *cere* [2] » Tite-Live rapporte lui-même qu'il fallut un sénatus-consulte pour autoriser l'affranchie *Hispala Fécennia* à épouser un ingénu, c'était le prix de son indiscrétion, elle venait de dévoiler aux Romains les mystères des Bacchanales [3].

3° Comme nous l'indique le fragment de Celse, la même loi prohibait le mariage entre les affranchies et les sénateurs ainsi que leurs descendants par les mâles, mais cette prohibition qui pouvait être levée par un rescrit impérial [4], disparaît en partie sous Justin [5] et définitivement sous Justinien [6].

---

[1] *De Repub.*, ii, 37.
[2] Dig., *De ritu nup.*, L. 23.
[3] Tite-Live, xxxix, 19.
[4] L. 31, *De ritu nupt.*
[5] L. 23 § 1, Cod. *De nupt* . v. 1.
[6] Novel. 117, cap. 6.

4° L'adultère et son complice ne pouvaient, aux termes de la loi *Julia de adulteriis*, se marier ensemble [1].

5° Certaines personnes investies de fonctions publiques en province d'épouser ou de laisser épouser à leurs fils, des filles de cette province [2].

6° Un fragment de Paul au Digeste, nous fait connaître une sixième incapacité relative à la tutelle : « *Tutor, vel curator adultam uxorem ducere non potest : nisi a patre desponsa, destinatave, testamentove nominata conditione nuptiis, secuta fuerit* [3]. »

7° Le rapt d'une jeune fille, d'une veuve, d'une religieuse, d'après les constitutions de Constantin et de Constance, faisait obstacle au mariage entre le ravisseur et la femme objet du rapt. C'était presque un encouragement à semblable fait, mais la peine de mort qui le punissait était un frein très-sérieux [4].

8° Pour finir, les empereurs Valentinien, Théodose et Arcadius prescrivirent le mariage entre Juifs et Chrétiens, et ils considérèrent ces unions comme adultères (L. 6 Cod. de Jud., 1, 9).

La violation de l'une des conditions exigées pour la validité des justes noces, entraîne la nullité du mariage et Justinien nous apprend que dans ce cas il n'y a plus ni

---

[1] L. 46, pr. ad. Leg. Jul. de ad. xlviii, 5.

[2] L. 38, pr. et § 1 ; loi 57, pr. LL. 63 et 65 § 1. *De ritu nupt.* L. 6 au Code *De nupt.*

[3] L. 36, Dig. *De ritu nupt.*, voyez eod. titulo. Loi 37, 59, 60 § 5 à 7.

[4] L. 1 Cod. 31. *De rapt. virg.* ix, 24. L. 1, Cod. th. *De raptel. mal. semel.* ix, 250, Inst., 4. 18, Nov. 143, 160.

époux ni épouse, ni dot ni donation à cause de noces, ni puissance maritale : « *Si adversus ea quæ diximus, aliqui* « *coierint, nec vir, nec uxor, nec nuptiæ, nec matrimonium,* « *nec dos intelligitur. Itaque ii qui ex eo nascuntur in po-* « *testate patris non sunt; sed tales sunt (coïtu quantum ad pa-* « *triam potestatem pertinet) quales sunt ii quos mater vulgo* « *concepit.* »

En outre des peines effroyables sont édictées contre les contrevenants, en cas de bigamie ou d'inceste et d'adultère : ce sont la confiscation des biens, la déportation, la mort, le tout suivant les cas.

Effets des justes noces, en ce qui concerne la femme par rapport à son mari et à sa famille.

Les justes noces dont nous venons d'essayer de retracer la célébration et les conditions de validité auxquelles elles se trouvaient soumises, furent bien longtemps l'unique mariage des Romains. Il faut remonter jusqu'aux lois *Julia* et *Papia Poppæa* rendues sous Auguste pour voir apparaître le second mode d'union établi par la loi : le *Concubinat*.

Cependant les justes noces n'ont pas toujours fait à la femme, dans ses rapports avec son mari, sa famille et sa propre famille à elle, une condition unique. Il fallait distinguer deux situations bien différentes, nous apprend Cicéron : « *Genus est enim uxor, ejus duæ formæ una ma-* « *trum familiarum : Ita sunt quæ in manum convenerunt ;*

« *altera earum quæ tantummodo uxores habentur* [1]. » C'est qu'en effet, il ne faudrait pas croire que la *Manus* dont nous allons nous occuper, découlât naturellement du mariage : elle venait s'adjoindre seulement à lui, et son effet était de faire passer toute la puissance qui résidait dans les mains du père de famille ou du tuteur, alors qu'il y avait tutelle en celles du mari.

De la MANUS et de ses effets.

La *manus* remonte bien haut dans l'antiquité, et Gaïus nous apprend que l'usage l'établit « *Eo jure quod consensu receptum est.* » Elle pourrait être établie de trois manières : par la confarreation, la coemption et l'usage, ce que nous apprend encore Gaïus : « *Olim tribus modis in manum conveniebant : farreo coemptione usu* [3]. »

Nous remarquerons ici, que modelée sur la *patria potestas* elle prend sa source dans le *jus civile* et que seules les femmes peuvent y êtres soumises [4]; elle se constitue de deux façons :

I. *Matrimonii causa* ; alors elle ne peut appartenir qu'au mari, et elle dure autant que le mariage ;

[1] Cicéron, Topiques, ch. 3.
[2] Com. m, § 82.
[3] Gaïus, com. 1, § 10.
[4] Gaïus 1, § 105, 106.

II. *Fiduciæ causa* : elle peut dans ce cas appartenir, soit au mari, soit à toute autre personne, et son but est de procurer certains avantages juridiques à la femme, notamment la faculté de tester ; nous en parlerons d'aillleurs plus amplement. C'est à la *manus matrimonii causa*, que s'appliquent les trois modes dont Gaïus nous fait mention.

Confarreatio : Gaïus et Ulpien nous apprennent en peu de mots quel était ce mode d'acquisition de la *manus*. Le paragraphe des commentaires de ce premier jurisconsulte est incomplet et la citation d'Ulpien est très-laconique :

« *Farreo convenit uxor in manum certis verbis, et testibus*
« *decem præsentibus, et solemni sacrificio facto* [1], *in quo panis*
« *quoque farreus adhibetur.* »

La *Confarreatio* était une cérémonie religieuse, un sacrifice accompli par le grand pontife ou le flamine de Jupiter, en présence de dix témoins, qui suivant l'opinion accréditée chez les auteurs représentaient les dix curies et la tribu dont faisait partie la femme : on y prononçait des paroles solennelles et la femme y figurait portant un gateau de froment *(farreus panis)* que l'on partageait entre les époux, symbole gracieux de l'association de la femme aux *sacra* et à la vie entière de son époux.

Ce mode d'acquisition de la *manus* n'était pas accessible à tout le monde ; les patriciens seuls pouvaient se marier avec de semblables cérémonies ; la raison, croyons-nous, en est dans les effets mêmes que produisait le *confarreatio* :

____

[1] Ulpien, Reg. ix.

Les enfants issus d'une pareille union pouvaient seuls devenir, soit flamines de Jupiter, de Mars ou de Quirinus, soit *reges sacrorum*, prêtres chargés de faire certains sacrifices accomplis autrefois par les rois [1]. Les Flamines Diales ne pouvaient se marier que de cette manière.

La *confarreatio* ne fut pas très-longtemps usitée à Rome. Tacite nous apprend que sous Tibère, en l'an 776 (de Rome) ce fut avec grand peine que l'on parvint à trouver trois patriciens issus *ex confarreatis nuptiis*, afin de choisir parmi eux un flamine de Jupiter : en même temps qu'il nous donne les raisons de cette désuétude (l'indifférence religieuse qui déjà était profonde à Rome, la répugnance des pères à abdiquer leur puissance, ou des femmes à subir la *manus*), l'auteur nous apprend qu'un senatus consulte vint décider que la femme du Grand Flamine de Jupiter ne serait plus *in manu* que *ad sacra* et qu'à tous autres égards, elle conserverait sa situation antérieure : « *Lata lex qua flaminica Dialis, sacrorum causa in potestate viri, cætera promiscuo feminarum jure ageret* [2]. Aulu-Gelle [3] nous rapporte que le mariage du Flamine de Jupiter était forcé, et que devenu veuf, il perdait sa fonction ; c'est ce qui peut expliquer ce senatus consulte dont plus tard l'effet fut étendu à tout mariage avec *confarreatio*.

Le Christianisme venant enfin prendre la place du Paganisme, on comprend que cet usage devait disparaître sans

---

[1] Fest. Sacrificulus rex.
[2] Tacite, *Annales*, IV, 16.
[3] Aulu-Gelle, x, 45, § 22, 23.

loi spéciale ; en se rappelant qu'à Rome, le non usage pouvait amener l'abrogation d'une loi.

Enfin comme dernier trait de cette coutume religieuse. nous devons dire, que lorsqu'il y avait eu *Nuptiæ confarreatæ*, le mari qui voulait répudier sa femme, devait accomplir un sacrifice analogue à celui qui avait présidé au mariage, sacrifice qui portait le nom de *diffarreatio* [1].

2° *Coemptio*. Le mari acquiert la *manus* par la *coemptio*, c'est-à-dire, suivant Gaïus, par la *mancipatio* : « *Per quandam imaginariam auditionem, adhibitis non minus quam V testibus, civibus romanis puberibus, item libripende, per præter mulierem eumque cujus in manum convenit* [2]. C'est donc une vente qui réalise le mariage, vente dans laquelle la femme est tout à la fois venderesse et chose vendue. Si elle est *sui juris*, c'est elle-même qui se vend ; c'est son père qui la mancipe, si elle est fille de famille : mais il faut bien observer que cette mancipation ne met pas la femme *in servili causa*, comme cela a lieu, quand un père de famille mancipe son fils [3].

Frappé sans doute, de ce que la *coemption* en tant que vente, avait de choquant pour la femme, M. Troplong a imaginé de prétendre que la vente était réciproque, et que la femme achetait son mari.

L'opinion de cet éminent jurisconsulte repose sur plusieurs textes sérieux, mais qui tombent selon nous devant celui de Gaïus. C'est d'abord un texte de Boëce : « *Coemp-*

---

[1] Festus, au mot *Diffarreatio*.
[2] Gaïus, 1, § 113.
[3] Gaïus, 1, § 123.

— 48 —

« tio certis solemnitatibus peragebatur et sese in coemendo invi-
« cem, interrogabant, vir ita : An sibi mulier mater familias
« esse vellet ? Illa respondebat velle. Item mulier in viri conve-
« niebat manum et vocabantur hæ nuptiæ coemptionem, et
« erat mulier mater familias viro loco filiæ [1]. »

Puis un autre texte d'Isidore :

« Antiquus nuptiarum ritus erat quod se maritus et uxor
« invicem emebant, ne videretur ancilla uxor [1]. »

En troisième lieu, un passage de Varron rapporté par
Nonius Marcellus : « Nubentes veteri ege romana asses
« tres ad maritum veniens solebat adferre ; atque unum quam
« in manu tenebat, tamquam emendi causa marito dare [2]. »

Enfin un vers de Virgile, soi disant écho des mœurs romaine, mais auquel nous n'ajoutons qu'un crédit très-li-
mité, la poésie était souvent bien ignorante du Droit :

Dotalis tuæ Tyrios permittere dextræ [3]

Ce n'est pas une vente, mais un cadeau que propose Di-
don à Enée, s'il veut accepter sa main.

Malgré ces textes assez formellement opposés à Caïus,
nous n'hésitons pas à rester dans l'opinion de ce dernier
qui vivait bien avant Boëce, Nonius et Isidore, et partant,
était plus à même de connaître ce que pouvait être la
coemptio, déjà presque en désuétude à son époque.

D'ailleurs ce qui choque tant M. Troplong, la vente de la

<hr>

1 Boëce, Com. sur les Topiques de Cicéron.
1 *De proprietate*, sermon XII, 50.
2 Troplong, *Contrat de mariage*, préface.
3 Virgile, *Enéide*, liv. IV, v. 18.

femme dans le mariage, n'a rien d'étonnant selon nous ; ça été le propre de toutes les nations à leur origine de traiter ainsi la femme ; nous avons pu nous en rendre compte dans la revue rapide faite précédemment des lois de l'Asie et de la Grèce : Rome n'a été là que le reflet des législations orientales.

Sous Justinien la *coemptio* avait totalement disparu.

Usus. — Le troisième mode d'acquisition de la *manus* était l'*usus* ou *usucapion*. De même que les objets mobiliers, d'après la loi des Douze Tables, s'acquéraient par la possession d'une année, de même, la femme pouvait s'acquérir par la même *usucapion*, il suffisait qu'une femme fût restée une année entière sans découcher trois nuits de suite au moins du domicile conjugal, pour que la *manus* fût acquise. La femme alors : *velut annua possessione usucapiebatur.*

Ce droit assez étrange qui paraît devoir résulter forcément du mariage, rencontrait certaines difficultés dans la pratique ; l'autorité maritale ne pouvait pas aussi facilement qu'on le supposerait, s'interposer en pareil cas, et s'assurer le bénéfice de la *manus.* La femme était-elle fille de famille ? son père pouvait la forcer à se retirer du domicile conjugal pendant les trois nuits nécessaires à l'interruption de la prescription. Se trouvait-elle sous la tutelle des ses agnats ? l'autorisation de ses tuteurs était nécessaire, ce qui résulte clairement d'un passage de Cicéron ; dans un procès célèbre, où prétendant qu'une certaine Valeria était tombée dans la *manus* de son mari : « Je demande, dit Cicéron, si c'est *usus* ou *coemptio* ? *Usu non potuit : nihil enim potest de*

« *tutelâ legitimâ sine omnium tutorum auctoritate diminui* [1]. »
En effet pour que la femme puisse devenir *alieni juris*, il
faut l'*auctoritas tutorum* ; or l'*auctoritas* s'applique à un acte
formel, mais non à l'aliénation qui résulte de l'usage pro-
longé [2].

L'opinion contraire a été soutenue par M. Troplong [3].
D'après l'éminent jurisconsulte, le tuteur n'avait pas, comme le père, le droit de contraindre la femme à quitter pendant les trois nuits règlementaires son époux, en sorte que
forcément le mari devait après un an de mariage acquérir
la *manus*. Nous pensons que cette opinion est trop contraire
au droit des agnats pour qui la tutelle assurait la conservation
tion des biens dans la famille. En conséquence, nous n'y
adhérons pas.

De même que la femme peut éviter la *manus* au moyen
du *trinoctium*, de même le mari peut contraindre la femme
à s'absenter trois nuits afin d'éviter lui aussi la *manus* ; son
intérêt pouvant y être attaché ainsi qu'on pourra le voir
plus loin par les effets de la *manus*. Mais si, voulant acquérir ce pouvoir, il usait de violence, ce serait en vain, la possession se trouverait entachée d'un vice qui la rendrait
inutile.

L'usage de l'usucapion de la *manus* disparut bien vite.
Déjà sous Gaïus elle n'existait plus. Les mœurs en avaient
fait raison.

[1] *Pro Flacco*, 34.
[2] *Note de M. Demangeat, p. 316. Cours élém. de Droit Romain.*
[3] Troplong, *Contrat de mariage*, préface.

Effets de la MANUS *quant à la personne et aux biens de la femme.*

De quelque manière que la femme tombât au pouvoir de son mari, l'effet de la *manus* était toujours le même (en tant qu'il s'agit de la *manus matrimonii causa*). La femme quitte sa propre famille, dans laquelle elle perd tous ses droits d'agnation, pour n'y plus garder que ses liens de cognation, elle rentre dans la famille de son époux pour lequel elle devient *loco filiæ*. Gaïus nous apprend quelles sont les conséquences de cette *capitis deminutio*, elles peuvent se considérer sous deux points de vue : en ce qui concerne la personne de la femme et en ce qui regarde ses biens :

1° En ce qui concerne la personne de la femme.

De ce que la femme *in manu* quitte sa propre famille pour entrer dans celle de son mari, il s'en suit que la puissance paternelle, si elle y était soumise, ou la tutelle si la femme était *sui juris* se déplace, ces deux pouvoirs vont appartenir au mari.

Mais la puissance paternelle va-t-elle passer avec toute la rigueur du Droit Romain ? On l'a soutenu. Telle n'est pas notre opinion. La puissance paternelle, on le sait, donnait à celui qui en était investi, droit de vie et de mort sur celui qu'elle frappait. Nul contrôle n'était attaché, dans les premiers temps, à l'exercice de ce droit exorbitant et barbare. On le comprend d'ailleurs, l'enfant étant la propriété de son père, celui-ci pouvait faire de sa chose ce que bon lui semblait : ce ne fut que plus tard, quand les mœurs romaines s'adoucirent, qu'une limite fut imposée par la loi à la *patria potestas*.

Quant à ce qui concerne la femme *in manu*, le mari a bien le droit de vie et de mort sur elle, mais il est limité, sanctionné et contrôlé. Le tribunal domestique, dont les attributions sont restées presque inconnues, devait être selon nous le conseil du mari. Avait-il à châtier les fautes de sa femme, il convoquait ce conseil composé de cognats, proches parents et amis de la femme [1], et par lui il faisait prononcer la sentence dont le soin de l'exécution lui était remis.

Nous basons notre opinion sur plusieurs textes d'auteurs dignes de confiance.

C'est d'abord une phrase de Suétone, qui nous permet de faire remonter à la plus haute antiquité l'origine du tribunal de famille. D'après l'historien, Tibère aurait rétabli l'ancienne coutume de faire punir par une assemblée de parents une femme adultère, à défaut d'accusateur public : « *Matronas prostratæ pudicitiæ quibus accusator publicus deesset ut propinqui, more majorum, de communi sententia coercerent, auctor fuit* [2]. »

---

[1] D. Ubi pupill. xxvii, tit. 2, loi 6.
[2] Suétone, *Vie de Tibère*, xxxiv

Puis Tacite, en ses *Annales*, nous apprend que Varélie, petite-nièce d'Auguste, étant accusée d'un double crime, lèse-majesté et adultère, Tibère la déchargea de ce premier crime, et que pour l'autre il sollicita l'adoucissement de la peine, persuadant aux parents de la coupable, de la reléguer, suivant l'usage des premiers temps, à deux cent milles de Rome : « *Liberavitque Apuleiam lege majestatis, adulterii gratiorem pœnam deprecatus, ut, exemplo majorum, propinquis suis ultra ducentesimum lapidem removeretur, suasit*[1]. »

Plus loin, dans son ouvrage, Tacite fournit encore un argument en notre faveur, quand il raconte que Pomponia Grecina, femme de la première distinction, épouse de Plautius, était accusée de se livrer à des superstitions étrangères, le jugement de cette affaire fut remis à son mari même qui, après avoir, suivant l'usage ancien, instruit en présence des parents ce procès, d'où dépendait la vie et l'honneur de sa femme, la déclara innocente : « *Isque prisco instituto propinquis coram de capite famaque conjugis cognovit, et insontem nunciavit*[2]. »

Enfin Tite-Live lui-même ne nous dit-il pas que l'État, pour éviter des scandales, confiait au tribunal de famille la connaissance des crimes de la femme : « *Mulieres damnatas cognatis aut in quorum manu essent tradebant ut ipsi in privato animadverterent in eas*[3]. »

Un droit assez exorbitant du mari sur sa femme (qui a

---

[1] Tacite, *Annales*, liv. ii, § 50.
[2] Tacite, *Annales*, liv. xiii, 32.
[3] Tite-Live, xxxix, 18.

été d'ailleurs contesté par un auteur dont les opinions ont une grande valeur parmi les romanistes [1]), semble résulter d'un passage formel de Gaïus, ce serait le droit de vendre la femme que la loi aurait accordé au mari, de même qu'elle accordait au père muni de la puissance paternelle le droit de vendre ses enfants : « *Omnes igitur liberorum* « *persona, sive masculini, sive femini sexus, qui in potestate* « *parentis sunt, mancipari ab hoc eodem modo possunt quo* « *etiam servi mancipari possunt, idem juris est in earum per-* « *sonis quæ in manu sunt ; nam femina a coemptionatoribus* « *eodem modo possunt mancipari... Adeo ut quamvis ea sola* « *apud coemptionatorem filiæ loco sit quæ justè ei nupta sit,* « *nihil ominus etiam quæ ei nupta non est, nec ab eo filiæ loco* « *sit, ab eo mancipari possit* [2]. »

Fort heureusement il n'a jamais, pour ainsi dire, été fait usage d'un semblable droit ; pas un auteur ancien n'en cite un seul exemple, ce qui donnerait à l'opinion de Puchta une base solide ; mais il n'en est pas moins vrai que le texte de Gaïus reste debout et que nous devons nous y soumettre, non pas d'ailleurs sans quelque répugnance.

Comme conséquence du droit d'aliénation donné au mari sur la femme *in manu*, nous devons aussi admettre le droit d'abandon noxal, et le mari peut (cela est accordé par tous les auteurs qui combattent cette opinion, pour les premiers temps de la *manus*), de même que le père de famille le ferait pour sa fille, donner sa femme en réparation d'un délit

---

[1] Puchta, Inst. T. III, p. 160.
[2] Gaïus, Com. I. § 117. 118.

par elle commis, afin d'éviter le recours dont il serait possible.

M. Gide [1], dans une théorie toute nouvelle de la *manus* et de ses effets, refuse au mari le droit de vie et de mort sur sa femme ainsi que le droit d'abandon noxal. Le savant professeur base son opinion sur un texte mutilé de Gaïus et pour la rédaction duquel les éditions varient beaucoup : « *Quod vero ad eas personas quæ in manu mancipio ve sunt, quotiens aut ex contractu* AUT EX MALEFICIO *(ed. Lachmann), earum ageretur, nisi..... insolidum defendantur* [2]. » Et c'est d'ailleurs la conséquence logique du système émis par M. Gide, système qui a pour lui l'originalité, mais qui, d'après nous, n'a pas le mérite de donner une notion vraie de la *manus*. Nous en ferons un peu plus loin l'exposé et nous dirons les raisons qui, à notre grand regret, nous déterminent à ne pas le suivre.

La *patria potestas* dont la *manus* n'est que la copie, entraînant le *dominium*, lorsqu'un fils ou une femme venait à disparaître, le père ou le mari pouvait les revendiquer. Mais avec la civilisation le *dominium* venant à disparaître, en tant qu'il frappait le fils de famille et la femme mariée, l'on dut accorder au mari le droit de se faire restituer sa femme, alors qu'elle avait disparu volontairement, soit qu'elle eût été l'objet de violences et ravie du toit conjugal. C'est en effet ce que nous apprend Gaïus. En cas de vol (en Droit Romain, contrairement à ce qui existe chez nous, une personne peut être l'objet d'un vol), c'est l'*actio furti* qui est

---

[1] M. Gide, *Étude sur la condition privée de la femme.*
[2] Gaïus, Com. IV, § 80.

donnée au mari : « *Interdum autem etiam liberorum hominum furtum fit ; velut si quis liberorum nostrorum qui in potestate nostra sunt, sive etiam uxor quæ in manu nostra sit*[1]. » En cas de disparition de la femme, le mari peut agir *de exhibenda uxore* ou interdit exhibitoire.

Justinien, dans sa théorie des injures, nous apprend que le mari dont la femme est injuriée souffre lui-même de cette injure, « *Patitur autem quis injuriam non solum per semet « ipsum, sed etiam per uxorem suam*[2] », aussi lui accorde-t-on l'exercice de l'action d'injure. Mais il nous faut remarquer que ce n'est pas spécial à la *manus*, mais bien aux *justes noces*.

Enfin la femme, en devenant pour son mari *loco filiæ*, lui emprunte tous ses liens d'agnation. Elle devient civilement la petite-fille du père de son mari, la sœur de ses propres enfants, etc. De là encore découle cette conséquence, que veuve, elle peut se trouver sous la tutelle légitime des plus proches agnats de son mari, de ses enfants même ; enfin le mari, en faisant son testament, pourra lui donner un tuteur, et lui laisser le droit de s'en choisir un, *optionem dare*. La femme alors désignera son tuteur, soit d'une manière générale (*in omnes res*), soit simplement pour une ou deux opérations. A un autre point de vue, l'*optio tutoris* laissée par le mari est tantôt *plena* et tantôt *angusta*. Au premier cas, la femme peut d'une manière indéfinie exercer son option, au second, elle ne peut le faire qu'une fois ou deux

[1] Gaius, com. III, 190.
[2] Inst. IV, § 2.

d'après les dispositions du testateur ; le tuteur prend le nom de *tutor optivi*. L'histoire nous apprend que cette *tutoris optio* fut une des prérogatives accordées à la fameuse Hispala Fecenia [1].

2° En ce qui concerne les biens de la femme.

De même que la *capitis deminutio* qui frappe la femme passant *in manu* agit sur sa personne, de même, nous allons le voir, elle agit sur ses biens présents et futurs.

Considérons d'abord la famille qu'elle quitte. La femme, en perdant l'agnation, perd son droit à la succession *ab intestat* de son père et même de ses autres agnats. Désormais en faisant son testament, le père n'aura pas à exhéréder sa fille, puisqu'elle n'est plus *sua heres*, enfin tout ce qu'elle va acquérir ne lui profitera plus.

Que si nous considérons maintenant la famille du mari dans laquelle va entrer la femme *in manu*, voici ce qui va se passer.

Tout d'abord, tout ce que possède la femme au moment du mariage va devenir la propriété du mari. C'est en effet un mode d'acquérir par succession que nous signale Gaïus : « *Sunt autem etiam alterius generis successiones quæ* « *neque lege Duodecim Tabularum, neque prætoris edicto, sed* « *eo jure (QUOD) consensu receptum est, Introductæ sunt : ve-* « *lut cum mulier in manum convenit* [2]. » Puis, tout ce que

---

[1] Tite-Live, XXXIX, 19.
[2] Gaïus, III, § 82.

la femme va acquérir en pleine propriété durant le mariage profitera au mari, car elle ne peut rien avoir qui ne soit à ce dernier, sur la tête duquel repose tous les biens de la famille [1]. En est-il de même pour la possession acquise par la femme *in manu?* Cela est douteux. Le texte que nous donne Gaïus exprime ce doute : « *Per eas personas, quas* « *in manu habemus, proprietas quidem adquiritur nobis ex* « *omnibus causis; an autem possessio adquiratur, quæri solet,* « *quia ipsæ non possidemus* [2]. »

Le *jus hereditarium*, croyons-nous, en nous appuyant sur les mots de Gaïus *ex omnibus causis*, était acquis au mari par sa femme *in manu*.

Sur ses biens, la femme *in manu* n'a pas même le simple droit d'administration. Le *jus utendi, fruendi, abutendique* appartient tout entier au mari.

Enfin, comme conséquence forcée de ce que la femme est *loco filiæ* pour son mari ou *loco neptis* pour le père de famille ayant la puissance paternelle, la femme devient leur *heres sua necessaria* [3]. C'est ce qui nous explique pourquoi le testament du père de famille, s'il était fait avant le mariage, se trouve rompu. « *Testamentum rumpitur quasi agna-* « *natione sui heredis,..... si cui post factum testamentum uxor* « *in manum conveniat, vel quæ in manu fuit, nubat : nam eo*

___

[1] Nous supposons toujours que le mari n'est pas lui-même en puissance, autrement notre raisonnement manquerait de justesse, et il faudrait dire que la femme *in manu* acquiert pour celui qui aurait la puissance.

[2] Gaïus, ii, 89 ; c'est ce passage qui a servi de base à la théorie si originale de la *manus* par M. Paul Gide.

[3] Gaïus, ii, 156.

« *modo filiæ loco esse incipit, et quasi sua est*[1]. » Il lui faut
en refaire un autre dans lequel la femme devra être instituée ou exhérédée. La femme, héritière nécessaire, jouit
aussi de la faculté créée par le préteur de s'abstenir de
l'hérédité. « *Idem juris ut est (in) uxoris persona quæ in*
« *manu est, quia filiæ loco est : et in nurus, quæ in manu filii*
« *est, quia neptis loco est*[2]. »

Elle aura encore le droit d'intenter la *querela inofficiosi
testamenti*.

La succession du mari s'ouvre-t-elle *ab intestat*, la femme
y concourt au même rang que ses propres enfants.

Cicéron, dans un passage des Topiques, a écrit la phrase
suivante : « *Quum mulier viro in manum convenit, omnia*
« *quæ mulieris fuerunt, viri sunt, dotis nomine*[3] », ce qui
donne à entendre que la femme *in manu* peut avoir une
dot, mais cette dot étant toujours acquise au mari sera-t-
elle restituable ? Cela ne parait pas devoir faire doute. La
négative, croyons-nous, doit être admise, cela découle des
effets de la *manus*. Nul ne peut être débiteur, même éven-
tuellement, d'une personne qu'il a sous sa puissance ; cependant, lorsqu'il s'agit de biens constitués par un tiers à
la femme, ce tiers a pu s'en assurer la restitution ou par
une stipulation, ou par un contrat de fiducie.

La capitis deminutio produisait un effet très curieux dans
le Droit Romain : elle éteignait *ipso jure* les dettes de celui
qui la souffrait, et rendait tout recours des créanciers im-

---

[1] Gaïus, ii, § 139.
[2] Gaïus, ii, § 159.
[3] Cicéron, *Topiques*, iv

possible. Il subsistait toutefois une obligation naturelle :
« *Hi, qui capite minuntur, ex his causis, quæ capitis demi-*
« *nutionem præcesserunt manent obligati naturaliter* [1] ». Mais
le préteur vint corriger dans son édit ce que la logique trop
rigoureuse des Romains amenait d'inique, en donnant aux
créanciers contre leur débiteur une action utile, la *capitis
deminutio* étant comme non avenue. Si nous supposons
donc une femme débitrice, son mari, en acquérant la *manus*
sur elle, devra défendre à l'action intentée par les créanciers, autrement les biens de sa femme, qu'il a acquis par
l'effet de la *manus*, seront vendus par l'autorisation du préteur [2]. Voilà pour les obligations nées des contrats. Quant
à celle résultant des délits, la *capitis deminutio* subie par la
femme n'en a pas amené l'extinction. « *Nemo delicto exui-*
« *tur ; quamvis capite deminutus sit* [3]. »

La *capitis deminutio* subie par la femme fait que tous les
droits d'usufruit ou d'usage qui lui appartenaient s'éva-
nouissent et ne passent pas dans le patrimoine du mari.

La *manus* produisait le curieux effet de mettre la femme
loco sororis dans ses rapports avec ses enfants. Mais cela,
croyons-nous, ne pouvait avoir d'effet que quant aux biens,
ou plutôt, que quant aux successions. En effet, la mère
qui élevait ses enfants avait toujours le droit d'exiger d'eux
l'*obsequium* et la *reverentia*, et l'injure dont elle eût été victime de la part de l'un d'eux était toujours *atrox*. Là toutefois se bornaient ses droits, elle n'avait sur eux aucun

[1] Dig. *De cap. minut.*, L. 2, § 2.
[2] Gaius, III. § 84.
[3] Dig., *De cap. minut.*, § III.

pouvoir, c'est ainsi que pour leur mariage son consentement n'était même pas demandé.

Quand aux successions, voici les deux cas qui se présen-
taient :

1° C'est la succession *ab intestat* d'un enfant qui s'ouvre ; *jure civili*, la femme *in manu* se trouve appelée au rang
des agnats. C'est ce qui résulte d'un passage de Gaïus :
« *Heres est..... etiam mater aut noverca, quæ per in manum*
« *conventionem apud patrem nostrum jura filiæ consecuta*
« *est* [1]. »

2° C'est la mère qui décède, ses enfants sont ses agnats
et comme tels, arrivent à la succession.

Tels sont les effets de la *manus* reconnus par la généralité
des auteurs, mais contre cette théorie [2] il s'en est élevé une
autre :

M. Gide, a voulu voir dans l'institution de la *manus*, un
ordre d'idées nouvelles, reconnaissant d'ailleurs, qu'il s'é-
cartait de l'opinion commune, et que son opinion ne se
référait qu'à la dernière forme de la *manus*.

Pour cet auteur, la *manus* n'ajouterait rien à la puissance
maritale, qui puiserait en elle-même tous ses droits, toute
sa force, elle n'aurait d'effet que quant aux intérêts pécuniaires, ce serait une sorte de régime nuptial, « *de communauté universelle.* »

L'argumentation fournie par l'éminent professeur, repose sur deux textes de Gaïus que nous avons déjà cités plus

[1] Gaïus, III. 14.
[2] M. Gide, *loc. cit.*

haut. Dans le premier qui se réfère à un mode d'acquérir, Gaïus se demande si l'on peut acquérir la possession par la femme qui est *in manu*, et il ajoute : « *Quæri solet, quia ipsas non possidemus.* » Sur ce texte M. Gide s'écrie :

« N'est-ce pas dire clairement que, la *potestas* frappant la
» personne et le corps même du fils ou de l'esclave, tout
» ce qu'ils possèdent *corpore*, est par cela au pouvoir et en
» la possession du chef de famille, tandis que la *manus*,
» n'atteignant que le patrimoine, ne peut faire acquérir que
» ce qui entre dans son patrimoine et non par ce qui est
» seulement possédé par elle [1] ? »

Qu'il nous soit permis de le dire, cette interprétation donnée au texte de Gaïus est bien hardie ; Gaïus nous dit lui-même, que la question est discutée. *Quæri solet* : c'est donc, que pour certains jurisconsultes Romains, la femme *in manu* s'assimilait parfaitement au fils de famille, à l'esclave. Alors que devient tout le raisonnement, il tombe : C'est s'exposer beaucoup, pensons nous, que de bâtir sur une question controversée un système en opposition avec tous les auteurs.

Et puis M. Gide ne nous explique pas, comment il conçoit, que la *manus*, qui au dire de tous les jurisconsultes Romains, opère une *capitis deminutio*, c'est-à-dire un changement d'état qui affecte la personne et les biens de celui qui la subit, puisse sans que jamais il n'en ait été mention nulle part, ne produire, qu'on nous pardonne l'expression, qu'un demi *capitis deminutio*.

---

[1] M. Gide, *loc. cit.*

Bien qu'il ne faille pas prendre à la lettre les mots *(loco filiæ)* employés par tous les jurisconsultes Romains, en parlant de l'état de la femme *in manu*, par rapport à son mari, (car les conséquences poussées à l'extrême conduiraient à des conclusions absurdes), nous pensons que ce n'est pas sans raison qu'ils figurent dans tous les textes. La femme *in manu*, sans être la fille de son mari, l'est cependant, juridiquement parlant.

Le second argument employé par M. Gide, trouve sa condamnation en l'ouvrage même de l'auteur.

« Une autre application de cette même différence (entre
» la femme *in manu* et le fils ou l'esclave) c'est que le père
» peut vendre son esclave ou son fils, ou, s'ils ont com-
» mis quelque dommage, les livrer en guise d'indemnité à
» la personne qu'ils ont lésée. Mais la femme *in manu* ne
» peut être ici vendue, ni cédée en réparation, ni donnée
» en adoption ; le mari peut seulement lui donner un tu-
» teur, car la tutelle, comme la *manus*, n'a que les biens
» de la femme pour objet [1]. » Sans doute cela est vrai pour les derniers temps de la *manus*, les mœurs s'adoucissant avec le temps, finirent par faire disparaître ces droits si exorbitants de la *manus*, mais le raisonnement n'est plus juste pour les premiers temps de Rome. M. Gide ne le reconnait-il pas lui-même en déclarant que sa nouvelle théorie de la *manus* ne se réfère qu'à l'époque où déjà elle avait perdu son véritable caractère ? C'est une chose assez

[1] M. Gide, *loc. cit.*

curieuse que de se servir d'un argument pour soutenir une opinion, alors que d'autre part on reconnait qu'il n'a pas de valeur.

Appendice à la Théorie de la Manus

A côté de la *manus matrimonii causa*, nous avons dit plus haut qu'il existait une autre sorte de *manus* appelée *fiduciæ causa*, qui ne pouvait s'appliquer qu'à une femme *sui juris*, et qui ne s'établissait qu'au moyen de la *coemptio*. Le caractère le plus saillant de cette institution, nous l'avons déjà fait observer, c'est que la femme peut se mettre *in manu* (*fiduciæ causa*) soit avec son mari, soit avec un tiers quelconque.

Le *coemptionator* en recevant la femme *in manu*, prenait l'engagement de la manciper immédiatement à une personne qui devait l'affranchir par la vindicte et lui restituer tous ses biens.

Mais quel était donc le but de cette *coemptio* qui, on le comprend sans peine ne pouvait avoir ses fins en elle même ? Trois cas nous ont été révélés par les textes, les deux premiers nous viennent de Gaïus, le troisième de Cicéron.

1° *Coemptio tutelæ evitandæ causa* : Les femmes d'après la loi des Douze-Tables étaient soumises à une tutelle perpétuelle qui d'abord appartenant à leurs *agnats*, puis à leur défant aux *gentiles* : cette tutelle n'était pas dans l'intérêt de la femme, mais bien dans celui des *agnats* ; et le législateur l'avait imaginée afin d'assurer à ces derniers la conservation du patrimoine des femmes *sui juris*, qu'ils devaient retrouver dans sa succession.

Mais en dehors de cette tutelle des *agnats*, la femme pouvait avoir des tuteurs qu'il lui était permis de changer à sa volonté, avec leur autorisation, pour cela, elle se mancipait à un tiers, lequel la remancipait à une personne choisie par la femme. Cette dernière en affranchissant la femme devenait son tuteur : on comprend aisément que ce n'était qu'un tuteur complaisant qui devait fermer les yeux sur tous les actes de la femme, et mettre son *auctoritas* à sa discrétion.

Ce premier mode avait encore une utilité, c'était d'éviter la tutelle des agnats souvent dure et très intéressée. La femme en effet, perdant par la *capitis deminutio* tous ses droits d'agnation, ne pouvait plus être soumise à la tutelle de ses agnats.

La *coemptio tutelæ evitendæ causá*, disparut avec la tutelle perpétuelle des femmes dont la loi *Claudia* prononçait l'abolition, et l'on put dire d'elle *cessante causá, cessat effectus*.

2° *Coemptio testamenti faciendi gratiá*. — A l'origine les femmes en général, n'avaient pas le droit de tester. Cela se comprend très-bien pour les premiers temps où le testament se faisait *calatis Comitiis* et *in pro cinctu* ; les femmes n'étant pas admises dans les comices, et ne pouvant être soldats. Mais quand plus tard, les formes du testament furent plus libres, ce ne fut que l'arbitraire qui vint les dépouiller du droit de disposer de leurs biens par testament.

Il fut admis pour réparer cette injustice, que la femme qui ayant fait *coemptio*, était affranchie par le *coemptionator*, pourrait tester. C'est à ce tempérament dans la dureté des lois, que fait allusion Cicéron : « *Si ea mulier testamentum* » *fecit quæ se capite numquam deminuit, non videtur ex edicto* » *prætoris secundum eas tabulas possessio dari*[1]. » Cette règle fut l'origine de la *Coemptio testaménti faciendi gratiâ* : elle disparut sous Adrien, et la femme eût alors la faculté de tester.

Deux exceptions avaient été admises à l'incapacité de tester qui frappait les femmes : 1° En faveur des vestales [2] ; 2° En faveur des femmes n'ayant pas d'agnats, notamment les affranchies. Il suffisait à ces dernières de l'*auctoritas patroni* [3].

3° *Coemptio Interimendorum sacrorum causa*. — Le culte des *sacra privata*, à Rome occupait une place si importante dans la famille, qu'il faisait une partie intégrante du patrimoine et passait avec l'hérédité dans les mains de celui qui l'appréhendait, et devait être continué sa vie durant, pour le transmettre ensuite à ses propres héritiers.

Mais déjà sous Cicéron le relâchement des mœurs, l'abandon des anciennes traditions, et l'indifférence reli-

---

[1] Cicéron, *Topiques*, II, 4.
[2] Aulu-Gelle, *Nuits attiques*, 1, 12.
[3] Caïus, III, § 43,

gieuse étaient tels, que le culte des *sacra privata* prenait pour l'héritier la forme d'une obligation onéreuse et gênante : aussi l'imagination féconde des jurisconsultes vint-elle fournir un moyen de s'en débarasser, sans toutefois heurter de front les coutumes ; écoutez Cicéron tonner contre ces abus : « *Sacra interire majores noluerunt ; jurisconsultorum ingenio, senes ad coemptiones faciendas, interimendorum sacrorum causá, reperti sunt*[1]. »

Voilà l'origine de ce troisième mode de contracter la *manus fiduciæ causa ;* le mécanisme en est bien simple : Une héritière, trouve qu'il est bon de recueillir les biens d'un défunt , mais que les *sacra privata* du *de cujus* la gênent et veut s'en débarrasser, elle fait *coemptio* avec un vieillard ; aussitôt, biens et *sacra privata* passent sur la tête de ce dernier ; mais la mancipation que suit un affranchissement va rompre l'effet de la *coemptio* et restituer ses biens à la femme, quant aux *sacra privata*, le vieillard en restera chargé jusqu'à sa mort, après quoi ils s'éteindront, car on l'aura généralement choisi sans héritier.

Voilà, croyons-nous, ce qu'était la *manus* à Rome. On peut être frappé des droits exorbitants qu'elle conférait au mari sur la personne et sur les biens de sa femme. Mais nous le disons une seconde fois, ce serait une erreur que de croire à l'asservissement de la femme romaine. Les mœurs étaient trop pures aux premiers temps de la République, pour que le foyer domestique fût tyrannique.

La *manus* qui finissait avec la mort de l'un des époux, ou

---

[1] Cicéron, *pro Murena*, 12.

par le divorce, disparut cependant, et cela devait être : mais ce qu'il y a de curieux à observer, c'est qu'à mesure que cette institution s'efface, le divorce devient plus fréquent, et l'on peut presque dire que l'un a tué l'autre.

A la fin de la République, cette vieille institution est en ruine. La femme en se mariant ne sort plus de sa famille naturelle au point de vue de ses droits, mais aussi elle ne profite plus des grands et incontestables avantages que lui assurait la *manus* protégée par la pureté des mœurs antiques, dans la famille de son époux où désormais elle ne prend plus le rang de fille.

Nous allons maintenant étudier la condition faite à la femme par les justes noces, en dehors de la *manus* ; des éléments nouveaux vont surgir. La dot spécialement va nous montrer la femme tendant à se débarrasser de l'étreinte trop dure des lois ; un progrès sensible se fait à son profit. Elle gagne en liberté, mais aussi elle perd en prestige.

Effet des justes noces en dehors de la MANUS

4° En ce qui concerne la personne des époux.

A l'origine du droit, la *manus* était de l'essence du mariage ; le caractère propre du Droit Romain est son inflexible unité. *Unum dominium, una libertas, jus proprium roma-*

norum est, nous dit Gaïus, l'on peut sans crainte presque dire, *unum matrimonium.*

Mais la *manus* avait un grand tort, c'était de dépouiller les agnats tuteurs de la femme, et de faire passer dans une autre famille des biens sur lesquels ils devaient compter ; aussi s'opposaient-ils autant qu'il était en leur pouvoir au mariage des filles. Alors, apparaît une nouvelle sorte d'union qui, désormais, laisse la femme dans sa propre famille, ne rompt plus ses liens d'agnation et ne lui donne plus de droit dans les biens de son époux. Nous avons nommé le mariage libre.

C'est tout un bouleversement dans la famille, et l'origine de cette révolution remonte aux Douze Tables où déjà la *manus* ne nous apparaît plus comme une conséquence nécessaire, mais bien plutôt comme une suite simplement naturelle du mariage.

Nous allons rechercher la condition faite à la femme dans cette nouvelle sorte de mariage, qui, du reste, il faut le dire, n'a pas entraîné l'abandon de la première, mais a longtemps existé avec elle.

Le mariage sans *conventio in manu*, laissait la femme dans sa famille naturelle ; la puissance paternelle, si elle y était soumise, gardait toute sa vigueur, et le père de famille pouvait toujours disposer de sa fille, la vendre, la châtier, la punir de mort, et même l'arracher des bras de son époux. Écoutez les plaintes que ce droit exorbitant, dont sans doute il a été fait souvent usage, arrache aux malheureuses victimes de l'égoïsme paternel.

Injuria abs te afficior indigna, pater.
Nam si improbum esse Cresphontem existimaveras
Cur me huic locabas nuptiis ? Sin est probus,
Cur talem invitam invitam cogis linquere ? [1]

Hâtons-nous de le dire, ce droit pour le père de famille
de dissoudre le mariage de sa fille sans raison, paraissant
contraire au bien public et au bon ordre de la société, disparut sous Adrien, ainsi que nous l'apprend un texte des
sentences de Paul : « *Bene concordans matrimonium sepa-*
« *rari a patre D. Pius prohibuit* [2]. »

Mais le mariage par lui-même conférait aussi au mari
des droits sur la femme ; la puissance maritale qui, nous
l'avons admis, se substituait entièrement à la puissance
paternelle, alors qu'il y avait *manus*, se trouvait ici en conflit avec l'autorité paternelle. Au mari appartenait également le droit de disposer de sa femme et de la châtier ; lorsque ces deux pouvoirs étaient en opposition, le tribunal
de famille intervenait pour régler le différend.

Sous l'influence des changements que subissaient les
mœurs romaines au contact de la Grèce, les liens de la famille s'en allaient se dissolvant ; la puissance paternelle
fut une des première atteinte, et vers la fin de la République elle a presque perdu une partie de sa force.

En ce qui concerne la femme, non-seulement le père n'a
plus le droit de rompre un mariage auquel il a consenti,
mais il est obligé de donner un époux à sa fille, et même

---

[1] Ennius, *Ap. auct. ad Herenn.*, II, 24.
[2] Paul, *Sent.* liv. 5, tit. 6, § 10.

il doit la doter. La loi vient en aide à celle qu'un père voudrait séparer de son mari : « *Eorum qui in potestate patris* « *sunt, sine voluntate ejus matrimonia jure non contrahun-* « *tur ; sed contracta, non solvuntur : contemplatio enim pu-* « *blicæ utilitatis privatorum præfertur.* [1]. »

C'est au profit de la puissance maritale que la puissance paternelle s'affaiblit, mais celle-ci même subit l'influence du temps et des mœurs nouvelles. Le droit de vie et de mort dont le mari était investi sur sa femme, lui est retiré ; fut-ce même en flagrant délit d'adultère qu'il la tue, il est poursuivi comme meurtrier. Quant au droit de punir, il lui échappe aussi, et un *judicium de moribus* se substitue au tribunal de famille. C'est la loi qui fait invasion dans le foyer domestique, pour régler les rapports des époux.

Le mariage établit entre les époux une *societas vitæ*, d'où découlent les deux conséquences pratiques suivantes :

1° La femme, comme nous l'avons vu plus haut, prend la condition juridique de son époux, elle suit son domicile qu'elle conserve même après son veuvage, jusqu'à ce que de nouvelles noces lui en acquièrent un autre.

2° La plus stricte fidélité est due mutuellement. L'adultère qui serait le résultat de son inobservation entraîne des conséquences bien graves, puisqu'il crée au profit de l'époux outragé, une cause légitime de divorce, et soumet le coupable à des peines pécuniaires assez fortes.

Il est curieux d'observer que les Romains ont, eux aussi, fait une grande différence entre l'adultère commis par

---

[1] Paul, liv. 2, tit. 19, 2.

l'homme et l'adultère commis par la femme. Pour celui-ci la faute est presque légère, le divorce et une peine pécuniaire, voilà la sanction de son oubli des devoirs conjugaux. Mais pour celle-là, c'est bien différent ! sans rappeler l'organisation du tribunal domestique, dans lequel nous avons vu le mari jouer tout à la fois le rôle d'accusateur et de juge, pour devenir ensuite exécuteur de la sentence, il suffit de se reporter à la loi *Julia de adulteriis* rendue sous Auguste, pour voir combien la femme était punie lorsqu'elle avait enfreint la loi jurée. Son témoignage en justice est sans valeur, elle ne peut plus contracter un mariage légitime, ni être instituée héritière, ni recevoir un legs ou *fidéi-commis* [1]. A ces peines déjà très-dures, Constantin substitua celle de la mort [2]. Telle était encore sous Justinien la législation en vigueur, tant à l'égard de la femme que de son complice, lorsque dans une Novelle cet empereur vint établir une autre pénalité. La peine de mort fut remplacée par la fustigation et l'emprisonnement dans un monastère ; le mari avait deux ans pour reprendre sa femme : passé ce délai, cette dernière restait enfermée pour la vie, rasée et voilée. Ses biens appartenaient au monastère dans certaines proportions, suivant qu'elle avait ou non des descendants.

Ce n'est pas seulement fidélité [3] que les époux se doivent, mais le *consortium omnis vitæ* entraînait une suite d'égards réciproques, que l'on retrouve fréquemment dans les

[1] Fr. 45, D. xxiii, 5. Fr. 20, § 6. D. xxviii, 4. Fr. 29, § 1, 11, § 13. D. xlviii, 5.

[2] L. 30 Cod. *Ad leg. Jul. de adult.* § 1.

[3] Nov. 134, ch. 10.

dispositions de la loi. Défense de témoigner l'un contre l'autre, bénéfice de compétence, substitution des actions *in factum* aux actions infâmantes, notamment l'*actio furti* qui est refusée à l'un des époux contre l'autre, même après le divorce, à moins que le détournement ne fût antérieur à l'union [1]. La loi ne laisse plus que le secours des actions ordinaires *rei persecutoriæ*, telles que *actio ad exhibendum*, *condictio*, *rei vindicatio*. Le préteur lui-même vint régler la situation si délicate des deux conjoints dont l'un se plaint d'avoir été lésé par l'autre et alors apparaît l'*actio rerum amotarum*. Tenant le milieu entre l'action pénale et l'action simplement persécutoire de la chose, elle n'est point infâmante, mais admet le *juramentum in litem* [2].

Des justes noces SINU MANU, *considérées au point de vue des biens de la femme. — De la Dot.*

La théorie de la *manus* nous a appris quel était le sort réservé aux biens de la femme qui y était soumise ; ils étaient la propriété du mari. Les justes noces sans la convention de la *manus*, créées pour éviter cet effet désastreux pour les agnats de la femme, distinguent désormais dans le ménage deux patrimoines : celui du mari, celui de la femme. C'est de ce dernier qu'il faut nous occuper.

[1] L. 3, § 2. D. xiv, 2.
[2] L. 1, pro D., xiv, 2 et suiv.

La dot, c'est l'ensemble des biens que la femme, ou un autre pour elle, donne au mari afin de l'aider à supporter les charges du mariage.

Dans le principe, la dot était facultative ; le père qui mariait sa fille pouvait la constituer à son gré ; il pouvait même se dispenser de rien donner ; mais, comme nous l'avons déjà vu plus haut, la loi intervint une fois encore et fit de la dot une obligation non-seulement pour celui qui a la puissance, mais encore pour le simple père, et l'aïeul paternel [1], elle alla plus loin, car elle y soumit la mère en certains cas [2].

« *Dos aut datur, aut dicitur, aut promittitur* [3]. » Voilà, nous apprend Ulpien, quelle était la manière de constituer la dot dans le droit classique.

1° Par la *datio*, la dot est constituée, lorsque la femme, ou le tiers qui fait la dot pour elle, transfère au mari la propriété des biens constitués en dot, soit s'il s'agit de choses *mancipi*, par mancipation ou *cessio in jure*, soit par tradition s'il s'agit de choses *nec mancipi* : enfin par la tradition seulement s'il s'agit des fonds provinciaux, car ces derniers quoique *res mancipi* ne peuvent être aliénés par *mancipatio* ou *cessio in jure*, modes d'acquisition du Droit Civil,

2° La *promissio dotis* consiste en une obligation contractée par stipulation. Le mari alors ne devient que créancier de la somme ou de la chose promise, mais pour se faire

[1] *L.* 6, D. xxvii, 6.
[2] L. 14, C. *De jur. dot.*; L. 19, § 1, c. 1, 5.
[3] Ulpien, vi, § 1.

payer, il a la *condictio*. Sous Justinien, la *promissio dotis* fut remplacée par le *pactum dotale*.

3° La *datio dotis* était un contrat *verbis*, par lequel une personne s'obligeait à fournir des biens en dot : le mari qui, on le présume, répondait à la promesse de celui qui s'engageait : « *accipio* » était selon toute probabilité muni de la *condictio* pour assurer le recouvrement de sa créance.

Il est utile de remarquer que ce dernier mode de constitution de la dot, n'était pas à la portée de tout le monde. La femme qui se mariait, son débiteur, d'après son ordre, un ascendant paternel mâle pouvaient seuls user de la *dictio dotis* : il en était autrement des deux premiers modes dont tout le monde pouvait faire usage [1].

La *dictio dotis* disparut au bas empire, mais la simple convention de constituer une dot fut déclarée obligatoire par Théodose et Valentinien. Désormais la convention de constituer une dot devint un pacte légitime.

La constitution de la dot, nécessite toujours ou capacité d'aliéner ou capacité de s'obliger ; il en résulte, qu'appliqué à la femme, ce principe exige que si elle est *sui juris*, elle demande l'*auctoritas* de son tuteur ; que si ce dernier est dans l'impossibilité de répondre à sa demande, la femme s'adressera au préteur qui lui désignera un tuteur spécial *ad dotem constituendam* ; c'est ce qu'attestent Gaïus, Paul et Ulpien [2]. Si la femme est *alieni juris*, elle ne peut user ni de la *datio*; car elle n'a pas de patrimoine, ni de la

---

[1] Ulp, Reg. vi. § 2 ; Frag. vat , § 99, 100.
[2] Caïus i, § 178 ; Ulp. Reg. xi, § 20, 22 ; Paul, Frag. vat. § 110.

dictio dotis, celte forme lui étant expressément interdite [1]
elle pourra s'obliger seulement par promesse ; encore est-
ce une question fort douteuse que de savoir si à toutes
époques, les filles de famille purent s'obliger même par
les procédés de droit commun.

« *Dos antecedit aut sequitur matrimonium, et ideo vel ante*
« *nuptias vel post nuptias dari potest ; sed data earum expec-*
« *tat adventum* [2]. » Par ce texte de Paul, nous apprenons
que la dot pouvait être constituée, soit avant, soit après le
mariage.

Si la dot précède le mariage, et c'est ce qui aura lieu le
plus souvent. elle n'aura réellement d'existence qu'au jour
du mariage contracté. En effet, la dot suppose forcément
un mariage. « *Dotis appellatio non refertur ad ea matrimo-*
« *nia, quæ consistere non possint : neque enim dos sine ma-*
« *trimonio esse potest : ubicumque igitur matrimonii nomen*
« *non est, nec dos est* [3]. » Le texte est formel, d'ailleurs il
est bon d'ajouter que la dot sert à distinguer le mariage du
concubinat.

La conséquence du principe que nous posons sera la
suivante : Imaginons que le mariage ne se réalise pas, l'acte
conditionnel constitutif de la dot devient nul, car la condition *si nuptiæ sequantur* est défaillie, et alors la propriété
n'aura pas été transmise au mari ou sa libération ne se sera
pas effectuée. Mais si au lieu d'une promesse, la femme, ou

---

[1] Frag. vat, § 99.
[2] Paul, L. II, T. xxi b.
[3] Ulpien, L. 3, D. *De jur. dotium.*

le tiers, constituant la dot, ont fait un acte qui transfère purement et simplement la propriété au futur mari, l'union ne se réalisant pas, ce dernier restera bien propriétaire, mais la femme ou le tiers auront contre lui l'action qui porte le nom de *condictio sine causa*, et le mari devra retransférer la propriété ou se reconstituer débiteur au profit de qui de droit [1].

Afin d'éviter les contestations qui forcément devaient naitre par suite de l'application de ce principe qu'il faut interpréter la volonté des parties dans le but de savoir si l'acte est conditionel ou ne l'est pas, les jurisconsultes ont établi des présomptions destinées à guider le juge :

La dation sera toujours réputée pure et simple, sauf preuve contraire. C'est ce que nous apprend un fragment de Callistrate : « *Sed nisi hoc evidenter actum fuerit, creden-* « *dum est hoc agi, ut statim sponsi fiant* [2]. »

A l'inverse, la condition *si nuptiæ sequantur* est toujours présumée sous-entendue dans la promesse, et dans la *dictio dotis* : « *Stipulationem, quæ propta causam dotis fiat constat* « *habere in se conditionem hanc, si nuptiæ fuerint secutæ ;* « *et ita demum exea agi posse, quam vis non sit expressa con-* « *ditio. Si nuptiæ, constat* [3]. »

Si la dot est constituée pendant le mariage par une *datio*, c'est-à-dire si la femme ou un tiers transfère au mari la propriété des choses comprises dans la dot, par la man-

---

[1] Ulpien, D. L. 7, § 3.

[2] Callistrate, aJ. L. D. *De Jure dotium.*

[3] Ulpien, D. Loi 21, Lib. xxiii, T. iii ; voir aussi Paul, *De pactis.* D. L. 6 § 1, T. xiv, L. ii.

cipation, la *cessio in jure*, ou la tradition suivant la nature des choses renfermées dans la dot, le mari en devient immédiatement propriétaire : « *Fiunt autem res mariti, si,* « *constante matrimonio, in dotem dentur* [1]. »

Il est de tout intérêt de distinguer si la dot constituée, soit en meubles, soit en immeubles, a été livrée au mari avec ou sans estimation ; y a-t-il eu estimation? le mari est devenu acheteur des biens dotaux. La femme, par suite, à la dissolution du mariage, n'aura plus à réclamer que le montant de l'estimation. Quant aux risques, la femme en est déchargée, ils sont désormais pour le compte du mari. Que les choses données en dot périssent ou s'améliorent, il devra en supporter la perte ou le bénéfice. N'a-t-on pas fait d'estimation? La femme les reprendra en nature à la dissolution du mariage, et le mari, comme tout débiteur d'un corps certain, ne sera responsable que de la perte ou de la détérioration des objets dotaux, survenue par sa faute [2].

La vente des biens dotaux étant faite au mari et une estimation leur étant donnée, il se présentait une particularité qu'il importe de signaler. On lui appliquait une règle à laquelle les ventes ordinaires ne se trouvaient pas soumises. Si l'un ou l'autre des époux a été lésé dans l'estimation des biens dotaux, on doit venir à son secours, le juge chargé de vider le différend s'élevant lors de la restitution de la dot, appréciera d'après la bonne foi et l'équité le montant de ce

[1] Ulpien, L. 7, § 3, D. 23, 3.
[2] L. 10, D. *De jure dotium.*

qui doit être restitué par le mari. « *Si in dote danda circum-*
« *ventus sit alteruter, etiam majori annis vigintiquinque suc-*
« *currendum est ; quia bono et æquo non conveniat, aut luc-*
« *rari aliquem eum damno alterius, aut damnum sentire per*
« *alterius lucrum* [1]. »

La dot est appelée profectice (*profectitia*), alors qu'elle est constituée soit par le père, soit par tout autre ascendant paternel mâle de la femme. L'origine de ce nom provient du sort que la dot doit subir en cas de décès de la femme : « *Eo reversura est unde profecta est* », nous dit Ulpien. Quant à la dot adventice *(adventicia)*, c'est celle constituée par tout autre que le père ou l'ascendant paternel mâle de la femme [2]. Enfin la dot est dite *receptitia* ou *non receptitia*, suivant que la constitution a été accompagnée de stipulations particulières au sujet de sa restitution.

La dot promise par le père présente deux différences avec celle promise par un étranger : 1° le père se trouve lié par une promesse indéterminée, c'est le cas que nous signale Papinien : « *Gener a socero dotem, arbitratu soceri*
« *certo die dari, non demonstrata re vel quantitate stipulatus*
« *fuerat : arbitrio quoque detracta, stipulationem valere pla-*
« *cuit* [3]. » Deux constitutions au Code confirment ce principe [4] ; 2° si la déclaration du père porte que la dot sera prise tant sur ses biens que sur ceux de sa fille, il faut,

---

[1] Pomponius, D. L. 6, § 2, xxIII, T. III, *De jure dotium.* Voir au même titre loi 11 § 1.

[2] Ulpien. reg, vi, § 3. 4.

[3] Papinien, L. 69, § 4 *De jure dotium.*

[4] L. 1, Loi 3, Cod. *De dotis promissione.*

pour que cette déclaration produise son effet, que la contribution de chacun soit clairement indiquée [1].

Le paiement de la dot, à l'origine, s'effectuait par termes
au nombre de trois quand il avait lieu en argent. C'était dix
mois après le mariage qu'on devait la remettre quand c'é-
tait autre chose que de l'argent. D'après une constitution
de Justinien, le mari, qui déjà pouvait poursuivre le paiement de la dot immédiatement après le mariage, vit courir
les intérêts et eut droit aux fruits *de plano* après deux
ans [2].

La *pacta dotalia* ou conventions relatives à la dot, pouvaient également précéder ou suivre le mariage ; le plus
souvent, ces conventions concernaient le mode d'emploi de
la dot durant le mariage, et portaient sur l'exigibilité et la
restitution des biens dotaux après la dissolution [3].

Toutefois les parties n'avaient pas liberté pleine et entière pour les modifications qu'elles auraient voulu faire aux
règles du régime dotal. La loi se mettait à l'encontre de
certaines dispositions dont l'effet pouvait devenir funeste,
c'était bien principalement dans l'intérêt de la femme que
ces entraves étaient apportées, mais l'intérêt général y était
aussi pour beaucoup. Le mariage à Rome devenait déjà une
sorte de spéculation, on recherchait les femmes dotées ;
aussi, désireuse de protéger l'institution du mariage et surtout désireuse de maintenir le moyen de la propager, la loi
édicta une série de restrictions à la liberté des conventions

[1] L. 7, Cod. *De dotis promissione.*
[2] L. 31 § 2, Cod. *De jure dotium.*
[3] L. 1 et 2, Dig. *De pactis dotalibus.*

matrimoniales toutes basées sur cet adage : « *reipublicæ interest mulieres dotes salvas habere, propter quas nubere possint* [1]. »

Ainsi les époux ne pouvaient-ils convenir que, dans le cas où le mariage serait dissous par la mort du mari, la dot de la femme demeurerait à l'héritier du mari, lors même que cet héritier serait un enfant né de l'union contractée entre eux. « *Si convenerit, ut quoquo modo dissolutum sit ma-* « *trimonium liberis intervenientibus dos apud virum remaneret;* « *Papianus Juniano prætori respondit, morte mariti finito* « *matrimonio, neque convenisse videri dotem remanere: et si* « *convenisset, non esse servandum pactum contra dotem, cum* « *mariti mortalitas intervenit* [2]. »

Il n'était pas non plus permis de stipuler qu'après la dissolution du mariage, la dot serait restituée à la femme dans un temps plus éloigné que celui où elle devait être rendue; mais au contraire le pacte était valable alors qu'on anticipait l'époque fixée pour cette même restitution. Il y avait avantage en effet pour la femme. Stipuler qu'on ne rendrait pas la dot était naturellement chose prohibée [3].

Les époux pouvaient, par un pacte, changer l'objet de la dot, mais il fallait que ce changement fût utile à la femme. « *Constat posse inter uxorem et virum conveniri ut dos, quæ* « *in pecunia numerata esset, permutaretur, et transferatur in* « *corpora cum mulieri prodest* [4]. »

---

[1] L. 2, Dig. 23, 3.
[2] Ulpien, D. *De pactis dot.* L. 2
[3] Proculus, LL. 14, 15, 16, eod. tit.
[4] Julien, L. 21, Dig. eod. tit.

Après la dissolution du mariage, la protection que la loi accordait à la femme, ainsi que nous venons de le voir plus haut, n'avait plus d'utilité. En effet, libre de toute contrainte, il était fort présumable que la femme n'accepterait pas aussi aisément que pendant son union, des conventions compromettantes pour sa dot et ses intérêts. Aussi voyons-nous la loi rendre aux époux une partie de leur liberté et autoriser des conventions défendues avant. « *Licet ma-* « *nente matrimonio non possit inter virum et uxorem conve-* « *nire, ut longiore die dos reddatur : post divortium tamen,* « *si justa causa conventionis fuerit, custodiri id pactum* « *debet* [1]. »

Enfin, il n'y a pas que les époux qui puissent faire les conventions matrimoniales. Un père ou un étranger qui constitue une dot peut, lui aussi, dicter ses volontés, pourvu que ce fût au moment même de la constitution de la dot. Mais après le mariage le consentement de la femme devient nécessaire si l'un ou l'autre veut apporter des modifications à ses dispositions premières ; la raison en est dans le droit éventuel qu'a la femme sur cette dot, dont la restitution sera faite un jour [2].

[1] Julien, D. *De pactis dotalibus*, L. 18.
[2] Javolenus, L. 4, Dig. eod. tit.

Sort de la dot pendant le mariage.

En Droit Romain il est de principe que le propriétaire d'une chose peut l'aliéner, et réciproquement, que celui qui n'en est pas propriétaire ne le peut pas. Appliquons cette règle à la dot. Comme le mari était propriétaire de la dot, il pouvait donc l'aliéner. Les Commentaires de Gaïus, les Fragments d'Ulpien, les Institutes de Justinien, le Digeste et le Code, nous fournissent nombre de preuves de la propriété du mari sur les choses dotales [1]. Pour n'en citer que quelques-unes, il suffit de se reporter au Code pour y lire au titre *de jure dotium*, que le mari a pu légalement donner la liberté à un esclave dotal. « *Dotalibus tamen servis maritus directam testamento et fideicommissam libertatem jure dedit* [2]. » De même si un esclave dotal était institué héritier, c'était par l'ordre du mari qu'il devait accepter la succession ou y renoncer, mais il convient d'ajouter qu'à la dissolution du mariage, le mari était responsable de son imprudence, s'il avait accepté une succession onéreuse. Aussi, dans ce cas, pour échapper à la responsabilité qui l'attendait, pouvait-il faire intervenir la femme [3].

[1] Gaïus. com. 2 § 63; Ulpien, Frag. T. 6, § 1, 2; Inst. liv. 2, T. D. pr.

[2] Cod. L. 3. liv. v, t. xII. Voyez aussi Loi 21, Dig. liv. 40, T. 1, *De manumissionibus.*

[3] Modestin, L. 56, xxiv, in, *Solut. matr.*

Si la chose dotale a été volée, c'est au mari qu'appartient l'action en revendication et l'action de vol.

De ce que le mari est propriétaire de la dot, il s'en suit qu'il peut bien l'aliéner, l'hypothéquer, et la femme n'aura pas le droit de reprendre les biens dans les mains de l'acquéreur ou d'empêcher l'effet des poursuites des créanciers.

Les fruits tout naturellement sont acquis au mari, qui, lorsqu'il est obligé de restituer la dot, ne trouve en eux que son seul profit [1].

Comme la dot est destinée à soutenir le ménage et que, d'autre part, l'intérêt public est attaché à la conservation des dots des femmes, il s'en suit qu'il est expressément défendu au mari de restituer les biens dotaux durant le mariage. Il ne peut y être contraint à moins d'insolvabilité qui compromette les intérêts de la femme, « *si constante matri-* « *monio, propter inopiam mariti mulier agere velit, unde* « *exactionem dotis initium accipere ponamus* [2]? *Et constat,* « *exinde dotis exactionem competere, ex quo evidentissime* « *apparuerit mariti facultates ad dotis exactionem non suf-* « *ficere* [3]. »

La restitution qui serait faite de la dot est nulle, le mari peut la répéter, en outre il en est toujours responsable [3].

Enfin, comme dernière observation sur ce point, le mari a droit à la garantie de la dot qu'il reçoit, pour se faire in-

---

[1] L. 7 § 1 ; L. 10 § 3. D. xxiii, iii.
[2] Ulpien, L. 24, pr. D. xxiv, iii.
[3] Voir textes de M. Pellat sur la dot.

demniser de la perte qu'il peut éprouver par suite d'éviction.

Pour l'exercice de ce droit de garantie, il faut distinguer trois cas :

1° La dot a été promise au mari par une *dictio* ou par une stipulation ; elle lui a été livrée. Est-il évincé par la revendication d'un tiers justifiant de son droit de propriété, le mari a contre le constituant une *conditio*. Ce dernier devra l'indemniser comme s'il n'avait rien fourni.

2° Le mari, à qui la dot a été livrée avec estimation, mais en dehors de *dictio dotis* ou de stipulation, est évincé ; il a l'action *empti* contre le constituant.

3° En dernier lieu la dot a été fournie au mari sans estimation, en dehors encore de la *dictio dotis* ou de stipulation, puis il souffre l'éviction. Dans ce cas, il n'a aucune action en garantie contre le constituant, à moins que ce dernier n'ait eu connaissance de la cause de l'éviction et n'en ait pas informé le mari. Alors c'est l'action *de dolo* ou une action *in factum* qui compète au mari [1].

Voilà bien dans le principe le droit absolu du mari sur la dot parfaitement établi, mais il n'en a pas toujours été ainsi. Gaïus nous l'apprend lui-même. La loi Julia *de adulteriis* rendue sous Auguste vint lui apporter une sensible restriction.

La loi Julia enleva au mari le droit d'aliéner l'immeuble dotal sans le consentement de la femme et lui interdit le droit de l'hypothéquer même avec son consentement. C'est

[1] L. 1, au Cod. 5, 12.

le commencement de l'émancipation de la femme, dont l'effet, nous le verrons plus loin, fut si désastreux qu'il motiva une réaction des plus vives de la part du législateur.

La femme mariée pour la première fois prend part à l'administration de ses biens. Cependant, il ne faut pas l'oublier, le mari reste toujours propriétaire, et de plus la restriction de la loi Julia ne portait que sur les biens situés en Italie, et sur ceux situés dans les provinces jouissant du *jus Italicum*, les autres restant aliénables par le mari. Quant aux meubles dotaux, le mari, même après la loi Julia, peut en disposer sans l'autorisation de sa femme, et pour les immeubles donnés avec estimation, comme c'est une vente, avons-nous dit, il en reste encore le maître, ce qui est dotal en ce cas, c'est le prix.

L'inaliénabilité des biens dotaux date du mariage ordinairement, et ne cesse qu'après la restitution que doit en faire le mari. Mais un cas prévu peut rendre les biens tels avant le mariage, c'est alors qu'une fiancée a remis, *dotis causa*, un immeuble à son fiancé [1].

Les conséquences de la loi Julia sont les suivantes :

1° L'aliénation d'un fonds dotal par le mari avec le consentement de sa femme est valable. A défaut du consentement de cette dernière, l'aliénation est nulle, le mari a toujours la revendication. Mais il ne le pourra plus si le mariage étant dissous par la mort de la femme, le mari devient propriétaire de la dot [2].

[1] Loi 4, D. 23, 3.
[2] Loi 52, D. 44, 3. L. 17 D. 23, 3.

2° Le mari ne peut ni grever de servitude les immeubles dotaux, ni éteindre celles qui existaient à leur profit [1].

3° Enfin, l'immeuble dotal n'est plus susceptible d'usucapion ; toutefois l'usucapion commencée avant le mariage peut l'atteindre, et si le mari est en faute pour ne pas l'avoir interrompue, il demeure responsable des conséquences de sa légèreté [2].

La loi Julia avait simplement interdit l'hypothèque des biens dotaux, même avec le consentement de la femme, et cela parce que la femme était supposée moins comprendre l'importance de l'acte qu'elle faisait, que lorsqu'il s'agissait d'une aliénation. Justinien, modifiant la loi pour l'améliorer, soit-disant, interdit complétement l'aliénation du fonds dotal par les deux époux ou un seul, ainsi que la constitution d'hypothèque, et il étendit sa prohibition aux biens situés en province [3], les meubles dotaux restèrent toujours aliénables.

Biens paraphernaux.

L'émancipation de la femme, on l'a vu plus haut, date du jour où la dot s'introduisit dans le mariage. Le progrès fut lent mais sûr, un autre élément vint s'ajouter à ce pre-

[1] Loi 5, D. 23, 5.
[2] Loi 16, D. 23, 5.
[3] Loi 1, § 15, Cod. 5, 13. Inst. *Quibus alienare licet vel non.*

mier pas fait dans la voie de liberté des femmes. Ce fut l'introduction des biens paraphernaux.

Sous le régime de la *manus*, le mari acquérait, on le sait, comme par un mode de succession universelle, tous les biens de la femme. Mais quand le mariage libre vint s'établir à côté de cette première forme de mariage, les biens de la femme n'entrèrent pas de plein droit dans la composition de la dot, il fallait, pour qu'il en advint ainsi, qu'une stipulation expresse intervint ; sinon tous les biens non compris dans cette stipulation restaient propres à la femme. C'est ce que nous apprend Ulpien : « *Dotis autem causa* « *data, accipere debemus ea, quæ in dotem dantur. Cæterum* « *si res dentur in ea quæ Græci* παράφερνα *dicunt, videamus,* « *an statim efficiuntur mariti* [1]. »

De cette question que se pose le jurisconsulte, et de la suite du texte, il résulte que d'après les conventions des parties, les biens paraphernaux pouvaient devenir la propriété du mari, et, à la dissolution du mariage, la femme avait la *condictio sine causa* pour se les faire restituer. Mais le plus souvent, la propriété des paraphernaux restait entre les mains de la femme ; il en était alors dressé un état, sorte de reconnaissance émanée du mari, cet état restait entre les mains de la femme pour lui servir de preuve au jour de la restitution.

Quant à l'administration des paraphernaux, elle était souvent confiée au mari dont la responsabilité était plus ou moins étendue selon la convention des parties. De là diffé-

---

[1] Ulpien, L. 9, §§ 2, 3, Dig. *De jure dotium.*

rentes actions qui à la dissolution du mariage compétaient à la femme, telles que *actio mandati, actio depositi*. Les objets ainsi confiés au mari prenaient plus spécialement le nom de *parapherna*. Mais la femme pouvait de son côté retenir ces mêmes biens et les administrer. On les appelait particulièrement *bona receptitia*. Vis à vis son mari elle était considérée, quant à ces biens, comme une étrangère. On comprend alors toute la force que la femme devait tirer d'un semblable état de choses, et comment elle devait lui servir pour arriver à l'indépendance qu'on lui refusait. Si le mari, dans ce dernier cas, avait détourné ou caché sans intention de se les approprier, certains des paraphernaux, deux actions compétaient à la femme pour se les faire restituer : 1° *L'actio rerum amotarum*, 2° *l'actio ad exhibendum* [1].

La femme qui conservait sa liberté entière quant à l'administration de ses paraphernaux [2] dans le dernier état du droit, ne pouvait, si elle était mineure de 25 ans, les aliéner qu'avec l'assistance d'un curateur.

Donation ANTE NUPTIAS *ou* PROPTER NUPTIAS

La donation *ante nuptias* qui prit plus tard le nom de *propter nuptias*, se rattache essentiellement au régime de la

[1] L. 9, D. *De jur. dot.*
[2] L. 3, Cod. 5, 14.

dot, dont elle est pour ainsi dire le corollaire. Son apparition date du Bas Empire [1].

C'était une donation faite à la femme, avant le mariage, par un tiers ou par le mari, et de même que la dot, subordonnée à la condition que le mariage aurait lieu régulièrement ; elle demeure entre les mains du mari durant l'union, et ce n'est qu'à sa dissolution que le droit de la femme peut devenir définitif.

La donation *ante nuptias* ou *propter nuptias* avait pour but de procurer à la femme les mêmes avantages que la dot procurait au mari, ainsi voyons nous Justinien dire d'elle : « *Nomine et substantia nihil distat a dote ante nuptias donatio* [2]. »

Comme la dot, la donation *ante nuptias*, qui ne pouvait être primitivement constituée qu'avant le mariage, put dès le règne de l'empereur Justin être augmentée pendant le mariage, et plus tard sous Justinien créée avant le mariage, ce qui lui fit donner le nom de donation *propter nuptias*. C'est ce que ce dernier empereur nous apprend lui-même dans ses Institutes [3].

Le sort de la Donation *propter nuptias* suivant celui de la dot, il en résulte que, comme cette dernière, elle appartient à la femme, arrivant la dissolution du mariage par la mort du mari, de même que la dot aurait été dévolue au mari si la mort de la femme avait été la cause de la dissolution

[1] L. 8, Cod. *De repud.*
[2] L. 20 p. Cod. *De donal. ante nuptias.*
[3] Liv. II, T. VII, *De donal.*, § 3.

du mariage. Sous Justinien c'est de restitution qu'il faut parler et non d'acquisition, mais le principe reste le même :

« *Æquis passibus ambulat utroque, tam dos quam donatio* [1]. »

La convention de survie faite au profit du mari sur la dot donnait à la femme un droit semblable sur la donation *propter nuptias*. Justinien supprima la proportionalité que l'on suivait pour l'application de ce principe et disposa que la femme ne pourrait plus garder sur la donation *ante nuptias*, qu'une somme égale à celle que le mari pouvait prendre sur la dot [2].

La femme quoique propriétaire des biens de la donation ne peut les aliéner, car ils sont destinés comme la dot à subvenir aux charges du ménage [3]. Si le mari devient insolvable, la femme peut revendiquer les biens de la donation *propter nuptias*, contre les tiers détenteurs et les créanciers hypothécaires du mari. Elle a même une hypothèque légale pour la sureté de ses droits éventuels sur la donation [4].

Enfin en cas de divorce par la faute du mari, la femme gardera la donation *ante nuptias* [5].

[1] L. 20, Cod., *De donat.*
[2] L. 5, Cod. 5, 15. Novel 97, 1.
[3] L. 29, Cod. 5, 12.
[4] L. 29, Cod. 5, 12; Nov. 97, ch. 3 ; Nov. 100, ch. 1.
[5] L. 8, § 5, Cod. 5, 17.

Donation entre époux

Il nous faut dire ici, pour parcourir en son ensemble l'état et la capacité des femmes mariées, un mot des donations entre époux. A l'origine, semblables donations furent toujours permises, mais on le comprendra facilement, elles devaient être fort rares et de peu d'utilité. La femme, ainsi que nous l'avons admis, étant toujours sous la *manus* de son mari, et comme telle ne pouvant avoir aucun bien qui ne fut pas celui de son époux, ni disposer de quoique ce fût, puisqu'elle n'avait pas de patrimoine. L'idée de semblable donation apparait donc difficilement, mais nous l'avons fait voir, le mariage libre venant se placer à côte du mariage entrainant *manus*, l'utilité de semblables dispositions apparait.

Il est fort probable que l'abus ne tarda pas à se manifester. Entrainés par l'affection aveugle qui nait légitimement et tout naturellement du mariage, on vit des époux se dépouiller à la légère de tous leurs biens au profit d'un conjoint qui souvent avait mis plus de ruse et d'astuce dans son affection, que de bonne foi. L'on vit aussi le mariage presque dépendre de ces donations.

Pour remédier à ce double inconvénient, l'office des prudents intervint et ce fut par une sorte de coutume que la prohibition des donations entre époux entra dans les mœurs. C'est ce que nous révèle Paul par ces mots : « *Jus civile donationem impedit* [1]. » L'époque de son apparition peut en être à peu près délimitée ; en effet sous la loi *Cincia, de donationibus* qui remonte à l'an 550 de la fondation de Rome elle n'existait pas encore, puisque cette loi ne comprend pas les époux parmi les *exceptæ personæ* [2] et qu'un texte du Digeste nous fait voir qu'elle était en vigueur au temps de Labeon, c'est-à-dire sous le règne d'Auguste [3].

Ce fut donc dans le double but d'assurer la liberté des époux et le maintien des mariages qui souvent aussi s'achetèrent à prix d'argent, que cette prohibition fut dictée par la coutume : « *Moribus apud nos receptum est, ne inter virum et uxorem donationes valerent. Hoc autem receptum est, ne mutuato amore invicem spoliarentur, donationibus non temperantes, sed profusa erga se facilitate* [4]. »

Comme conséquence de la prohibition des donations entre époux, il s'en suit que la disposition est nulle : « *Ipso jure quæ inter virum et uxorem donationis causa geruntur nullius momenti sunt* [5]. »

Par suite, la tradition faite en vertu d'une semblable donation, ne transmet pas la propriété, le donateur peut sur le champ revendiquer la chose donnée, ou bien en demander la valeur par une *condictio*, ou même réclamer par une *rei vindicatio utilis*, la chose acquise des deniers

<hr>

[1] Frag. vat., 96.
[2] Frag. vat. 302.
[3] LL. 65 et 67 Dig. *De donat. int. vir. et ux.*
[4] Ulpien, L. xxiv, D. T. 1.
[5] Ulpien, L. 3, § 10, *De donat. int. vir. et ux.*

donnés [1]. De plus, l'époux donateur ne saurait être investi de la possession civile bien qu'il puisse jouir de la possession *quo ad interdicta* [2]. Enfin toute stipulation ou acceptilation intervenue entre le mari et la femme dans l'intention de se faire une donation est nulle et ne produit aucun effet.

Toutefois la prohibition de donner souffrait quelques exceptions. Ainsi les donations *mortis causa*, en effet ces donations se référaient à une époque où le mariage se trouvait dissous, et de plus elles étaient révocables à volonté :

Les donations *divortii causa*, mais sous la condition qu'elles fussent faites en même temps que le divorce et non en prévision d'un divorce futur. Il n'y avait pas alors aucune crainte, qu'au moment où l'on utiliserait la donation, l'un des époux consentît à se ruiner pour l'autre.

Les donations *servi manumittendi gratia*, en faveur de la liberté avaient encore trouvé place dans les exceptions.

Les présents d'usage qui avaient lieu aux calendes de mars, aux fêtes de Saturne, à l'anniversaire de la naissance étaient valables du moment qu'ils n'étaient pas excessifs [3], généralement il en était de même chaque fois que le donateur n'avait pas diminué ses facultés en faisant la donation, ou que, lorsqu'il les avait diminués, il ne se trouvait pas augmenter celles du donataire [4].

---

1 Loi 53, id. tit.

2 Loi 26, pro id. tit. L. 1 § 9 Dig. de vi. XLIII, 10.

3 Lois 15, 17, 21. *De donat. int. vir. et ux.*

4 Frag. Ulp. T. VII, § 1. L. 1, *Lol* hoc tit.

Terminons cette énumération des donations par deux dernières citations : Les donations de la femme à son mari pour qu'il puisse obtenir une dignité, gagner une charge publique et en faire les honneurs, et celles par l'un des époux pour reconstruire un immeuble détruit appartenant à son conjoint, restaient également valables [1].

A côté de cette prohibition, et des exceptions signalées, il convient de placer le sénatus-consulte rendu sous l'empereur Septime Sévère qui vint apporter une modification très-sensible à ce qui a été dit plus haut sur les donations entre époux. A partir de cette époque, la donation par un conjoint à l'autre demeure valable, si de son vivant le donateur ne l'a pas révoquée. Une question qui surgit immédiatement est celle de savoir si le sénatus-consulte s'appliquait à la promesse de donation résultant d'une stipulation ? Papinien nous en donne très-catégoriquement la solution : « *Papinianus recte putabat, orationem dici severi ad* « *cerum donationem pertinere ; denique si stipulanti spo-* « *pondisset uxori suœ, non putabat conveniri posse heredem* « *mariti, licet durante voluntate maritus decesserit* [2]. »

D'après une novelle de Justinien, cette solution se trouve n'avoir plus d'exactitude. En effet l'empereur a étendu le bénéfice du sénatus-consulte à toute donation faite (*ex omni modo*) [3].

Plusieurs causes cependant pouvaient empêcher les donations entre mari et femme d'être validées par la mort du

---

[1] Loi 31 § 10. Loi 40, *De donat. int. vir. et ux.* Loi 16.
[2] Loi 23, Dig. xxiv, T. 1.
[3] Novelle clxii, chap. 1.

donateur : Ainsi le divorce, quand il y avait ou séparation entre les époux, les donations étaient censées révoquées, car le divorce faisait présumer le changement de volonté de la part du donateur : la révocation du donateur, la révocation pouvait être tacite, elle résultait alors, soit de la mise en gage, soit de l'aliénation, soit de la disposition par testament de la chose donnée. Justinien, dans sa novelle 162, chap. 1, décide toutefois que le gage constitué ou l'hypothèque don née sur les biens objet de la donation ne suffisent plus pour la révoquer.

Intercession des femmes. — Sénatus-consulte Velleien.

L'affaiblissement de la puissance paternelle et de l'autorité maritale, la disparition de la *manus*, l'institution du mariage libre entraînant avec lui la dot, les biens paraphernaux, les donations enfin, furent autant d'armes puissantes qui servirent à la femme pour se débarrasser de l'étreinte un peu dure dans laquelle la rigidité des lois romaines l'enfermait tout d'abord.

La fortune désormais unie à sa disposition lui permit de traiter presque d'égal à égal avec son époux. N'ayant plus de contrainte, la femme se livra à son instinct le plus naturel, et le goût du luxe prit chez elle des proportions effrayantes. Une fois entré dans les usages, le luxe devint l'élément dissolvant de la société ; la famille, la religion, les mœurs, tout disparut et fit place à une débauche sans bornes.

En vain le législateur, pour arrêter ce courant qui entraînait Rome à sa ruine, édicta-t-il les lois les plus sévères. Ses efforts demeurèrent inutiles ; la loi Oppia qui atteignait directement le luxe des femmes disparaissait vingt ans après sa promulgation ne laissant derrière elle aucune trace. La loi Voconia dont on espérait tant d'effets et les lois Papiennes n'eurent pas un sort plus heureux. Toute l'habileté des esprits sains et puissants de l'époque s'évanouissait devant l'opiniâtreté et la ruse déployées par les femmes pour échapper à toutes ces dispositions.

Ce ne fut pas seulement au luxe et à la débauche des femmes que le législateur s'en prit ; il créa contre elle une suite d'incapacités touchant ses intérêts. C'est ainsi que nous le voyons lui interdire toute ingérance dans les affaires d'autrui : « *Ne contra pudicitiam sexui congruentem alie-* « *nis causis se immisceant, ne virilibus officiis fungatur mu-* « *lieres* [1]. » Lui défendre de postuler et agir en justice, et même de faire aucun acte judiciaire pour autrui ; lui prohiber certaines professions, telles que de tenir une maison de banque ; repousser même son témoignage en justice.

Mais de tous les actes du législateur, le plus important fut le sénatus-consulte Velleien, rendu vers le milieu du premier siècle de notre ère. A une époque incertaine, sous le consulat de Marcus Silanus et de Velleius Tutor, vers la fin du règne de Vespasien ou dans les premières années de

---

[1] Frag. 1 § 5, D. iii, 1.

celui de Claude [1], l'incapacité nouvelle que ce sénatus-consulte créait contre la femme, était la suite des entraves apportées contre elle et dont le but unique était de l'exclure le plus possible des affaires et de la reléguer au foyer domestique. C'est d'ailleurs ce que l'étude attentive du texte même nous révèle : « *Feminas virilibus officiis fungi et ejus generis obligationibus obstringi non est æquum.* »

Déjà sous Auguste et Claude, deux édits défendaient à la femme d'intercéder en faveur de son mari, mais c'était dans l'intérêt même de la femme que cette défense avait été édictée. La loi Julia *de Fundo dotali*, qui, on l'a vu plus haut, interdisait l'hypothèque du fonds dotal même avec le consentement de la femme, avait pour but de la protéger contre des entraînements naturels. Mais admettre que la même pensée ait guidé les auteurs du sénatus-consulte Velleien, n'est pas chose possible. En vain chercherait-on à tirer un argument de ces mots : « *Senatus obligatæ mu-* « *lieri sucurrere voluit non donanti ; hoc ideo quia facilius* « *mulier se obligat quam donat* [2]. » Pour dire que le but du Sénat était de protéger la femme contre elle-même ! nous croyons au contraire que ces derniers mots confirment notre idée première. Les femmes romaines n'étaient pas très généreuses, il n'y avait pas de crainte qu'elles s'immisçassent aux affaires dans le but de faire des largesses ; mais elles avaient besoin d'argent pour satisfaire leurs passions, et le seul moyen d'en gagner était certes de se

[1] Dig. *Ad Sen. Vell.* Loi 2 et Loi 16 § 1,
[2] L. 4. § 1, h. t.

mêler aux intérêts d'autrui, et de se livrer à des spécula-
tions plus ou moins hasardeuses au moyen de tiers que l'on
garantissait avec ses propres biens. Voilà justement ce que
ne voulaient pas les romains.

D'ailleurs pour nous confirmer dans notre opinion, en
dehors du texte lui-même, il suffit de se demander ce qu'est
l'intercession, pour voir immédiatement le but visé et atteint par le Sénat dans sa disposition.

Intercedere. C'est intervenir dans une affaire qui ne nous
regarde pas, en obligeant notre personne ou notre chose
dans l'intérêt d'autrui. Cela peut avoir lieu de plusieurs
manières. En se portant, *adpromissor, expromissor* ou
mandator pecuniæ credendæ, en prenant jour dans la forme
du constitut pour payer la dette d'autrui. Enfin en enga-
geant ou en hypothéquant la chose pour la sûreté d'une
dette d'autrui.

Tous ces modes d'intercession révèlent une quantité
d'actes dont le seul but n'est pas une libéralité, mais bien
plutôt un bénéfice que se propose de réaliser celui qui les
fait.

Le sénatus-consulte Velleien frappe toute femme mariée
ou non qui intercède, et c'est pour cela que nous l'avons
fait entrer dans notre travail. Mais pour qu'il trouve son
application, quatre conditions sont essentielles :

1° Il faut que la femme s'oblige pour autrui, l'aliénation
qu'elle pourrait faire pour autrui ne tomberait pas sous le
coup du sénatus-consulte [1].

1 Pour exemple, voir Dig. Liv. xvi, T. 1 ad. sen. cons. Vell. L. 6,
§ 8, 3. L. 32 § 2. L. 8 et 17 § 1.

2° Il faut que la femme s'oblige pour autrui. En effet la femme reste toujours capable de s'obliger personnellement [1].

3° Il faut que non-seulement la femme s'oblige pour autrui, mais encore dans l'intérêt d'autrui. Si elle profite directement de l'opération il n'y a pas intercession dans le sens propre du mot [2].

4° Enfin il faut que l'acte de la femme ne constitue pas une donation. En effet donner n'est pas intercéder : « *Se-* « *natus enim obligatæ mulieri succurrere voluit non do-* « *nanti* [3].

En supposant que les quatre conditions que nous venons d'énumérer aient été remplies, comment le sénatus-consulte Velleien va-t-il traiter l'intercession d'une femme ? Elle ne sera pas nulle *ipso jure*, mais seulement paralysée par une exception ou, suivant le cas, par une réplique. Pomponius nous en fournit un exemple (Loi 39, § 2, Dig. *ad senatus-consultum Velleïanum*.) Quant à cette exception, elle est en faveur du débiteur, et elle ne laisse subsister derrière elle aucune obligation naturelle. En conséquence la femme qui se serait acquittée de son engagement, aurait la *condictio indebiti*, ainsi que nous l'apprend un fragment de Martien au Digeste : « *Qui exceptionem perpetuam habet,* « *solutum per errorem repetere potest ut accidit in senatus-*

---

[1] Dig. h. T. L. 8 § 1. L. 23 Cod. hoc tit. Paul, *Sentences* II, § 2. L. 19 Dig. h. t. L. 71 Dig. XLVI, 1.

[2] Dig. L. 27 § 2, 21, h. t. L. 2, 6 Cod. h. t.

[3] Dig. L. 4 § 1 *in fine*. h. t.

« *consulto de intercessionibus* [1]. » De plus cette exception est *rei cohærens* et par conséquent les héritiers de la femme, ses fidéjusseurs, ceux qui ont donné hypothèque pour elle, et ceux qui ont intercédé sur un mandat qu'elle leur a donné, peuvent l'opposer avec fruit [2]. Enfin la femme, elle-même, peut opposer l'exception au tiers détenteur de la chose hypothéquée par elle [3].

L'exception donnée par le sénatus-consulte Velleien, pourrait elle se trouver paralysée par une renonciation faite par la femme ? Cette question est très-controversée. L'idée qui, d'après nous, présidait à la rédaction du sénatus-consulte Velleien nous fournit notre réponse : Non, la femme ne saurait pas valablement renoncer au bénéfice du sénatus-consulte Velleien, parce que « nulle personne incapable ne « peut, par sa propre volonté, s'attribuer une capacité que « la loi lui dénie, une loi qui intéresse l'ordre public et « les bonnes mœurs est au-dessus de toutes conventions « contraires [4]. »

D'ailleurs il est certain, d'après le texte même, que la prohibition est absolue, et qu'elle frappe tous actes par lesquels la femme chercherait à l'éluder : « *Omnia quæ in fraudem senatus-consulti excogitata probari possunt* [5]. » or

---

[1] Dig. xii, T. vi. L. 40 pr.

[2] L. 7 Cod. *Ad senat. Vell.* L. 16 § 1, Dig. *Ad senat. Vell.* L. 14, Cod. h. t. Loi 2 Dig. *Quæ res pig.* xx, 3. L. 6. L. 30 § 1, h. t. Dig. L. 15, Cod. h. t.

[3] Loi 32 § 1 Dig. *Ad senat. Vell.* Loi 7 Cod. h. t. Loi 39 § 1 *De rei vind.*

[4] M. Gide, *loc. cit.*

[5] L. 29 Dig. *Ad sen. Vell.*

pour être logique et conséquent avec lui-même, le Sénat ne pouvait pas donner à la femme le droit d'éluder si facilement ses dispositions.

Contre notre opinion, on oppose plusieurs textes [1], dont M. Gide, croyons-nous, a fait raison, en disant que l'un était une décision d'espèce, qui, bien comprise, donnait plutôt un argument en faveur de l'opinion que nous adoptons à la suite du savant professeur : et que, quant aux autres, ils émanaient de Justinien ; que leur objet évident étant, non pas d'appliquer, mais d'abroger le droit classique, il fallait les écarter de la discussion.

Il y a plusieurs cas d'intercession par la femme, où le sénatus-consulte Velleien ne trouve pas son application ; ils nous sont révélés par des textes spéciaux assez nombreux :

1° La femme, qui a intercédé auprès d'un mineur, ne pourra opposer l'exception qu'autant que le débiteur principal sera solvable [2].

2° L'intercession de la femme sera valable s'il s'agit du paiement d'une dot [3].

3° Lorsque la femme a garanti le paiement du prix fixé pour l'affranchissement d'un esclave [4].

Ces trois cas, on le comprend facilement, reposent sur une idée de protection vue par la loi d'un œil plus favora-

---

[1] L. 52 § 4 D. h. t. L. 3. *Quando mulier tut off*. Cod 5, 35. Novelle 118, c. 5.

[2] L. 12 Dig. *De min*. IV, 4.

[3] L. 12, 15 Cod. *Ad sen*. *Vell*.

[4] L. 24 eod. T. Cod.

ble que la protection accordée à la femme. La cause des mineurs, la dot, et la liberté ont été l'objet de soins constants du législateur.

4° Lorsque, de prime abord, l'intercession paraît bien faite dans l'intérêt d'autrui, mais qu'en réalité c'est son propre intérêt que la femme protége [1] : là, croyons-nous, il n'y a pas intercession dans le vrai sens du mot [2].

5° S'il y a dol de la femme, c'est-à-dire si elle s'engage avec l'idée d'invoquer plus tard le bénéfice du sénatus-consulte [3].

6° Quand elle a reçu le prix de son intercession [4].

7° Lorsque deux années après la première intercession, elle intercède encore pour la même dette.

8° Lorsque par suite de succession, il y a confusion en sa personne, de la qualité de débiteur principal et de caution [5].

Justinien est venu compléter par deux dispositions nouvelles, la théorie de l'incapacité de la femme dans la loi 23 au code *ad senatus-consultum velleianum*, l'empereur décide que la femme ne peut intercéder que dans un acte signé de trois témoins, que le défaut de solennité entraîne nullité absolue de l'acte.

Enfin par la Novelle 134, Justinien interdit toute intercession de la femme pour son mari, et sans avoir égard à la

[1] L. 13 pr. L. 27 § 2. Dig. *Ad sen. Vell.*
[2] L. 13 h. t. L. 17 § 2 eod. tit.
[3] L. 2 § 3. L. 23. L. 30 Dig. eod. tit. L. 18 Cod. h. t.
[4] L. 23 p. eod. tit.
[5] L. 8 Dig. *ad sen. cons. Vell.*

forme sous laquelle cette intercession a été faite, il la déclare radicalement nulle.

   « *Si qua mulier crediti instrumento consentiat proprio*
» *viro, aut scribat, et propriam substantiam aut seipsam obli-*
» *gatam faciat : Jubemus nullatenus hujus modi valere aut*
» *tenere, sive semel, sive multoties hujus modi aliquid pro ea-*
» *dem re fiat : sive privatum, sive publicum sit debitum : sed*
» *ita esse ac si neque scriptum esset ; nisi manifeste probetur,*
» *quia pecaniæ in propriam ipsius mulieris utilitatem ex-*
» *pensæ sunt* [1].

Dissolution du Mariage

Le mariage, c'est le jurisconsulte Paul qui nous l'apprend,
se dissout. *Divortio, morte, capitivitate, vel alia contingente
servitute* [2].

Lorsque l'un des époux venait à perdre la liberté, le mariage nécessairement, devait d'après les lois romaines se
trouver dissous.

Les causes d'esclavage reconnues par le *jus civile* restèrent durant le droit classique jusqu'à Justinien au nombre
de quatre : deux seules peuvent nous occuper ici :

1° Lorsqu'un individu était condamné *ad metallum*, ou
ad bestias, et généralement à mort, on le disait esclave,

<hr>

[1] Novelle 138. ch. viii.

[2] Paul Dig. L. *De div.* xxiv, 2.

servus pœnœ, son mariage se trouvait rompu. Mais Justinien dans la Novelle 22, chap. 8, décida que l'individu condamné *ad metallum*, conserverait en droit sa qualité d'homme libre, de sorte que son mariage n'était pas dissous. Nous signalerons ici plusieurs textes en contradiction avec la conséquence logique que devait entraîner la déportation et l'interdiction de l'eau et du feu ; le mariage ne se trouverait pas dissous [1].

2° L'individu qui s'est laissé vendre avec un concours de circonstances impliquant mauvaise foi, demeure esclave, bien que la liberté en principe fût inaliénable. Mais la Novelle 59 de l'empereur a supprimé ce monde de perdre la liberté.

La captivité de l'un des époux amène aussi la dissolution du mariage, mais pour cela il faut admettre que l'un seulement des époux a été captif. Car si tous deux se trouvaient prisonniers ensemble le mariage aurait subsisté [2] : L'effet du *postliminium* ne saurait s'appliquer quand la cohabitation s'est forcément trouvée interrompue. Le retour du captif ne fait pas revivre l'union [3] mais les époux sont libres de contracter de nouvelles noces, et même la femme qui, dans ce cas s'y refuserait, sans motif plausible, serait tenue des peines attachées au divorce arrivé par sa faute [4]. Dans le droit de Justinien, la captivité d'un des

---

[1] L. 6 § 1, *De bon. damnat.* xLVIII, 20. L. 13 § 1, *De don. int. vir.* xxIV, 1. L. 1 c. *De repudiis*, v. 17.

[2] L. 25, *De capt.* Dig. xLIX. 15.

[3] L. 12 § 4. L. 14 § 1. *De capt.*

[4] L. 8 Dig. *De capt.*

époux n'opère plus dissolution du mariage qu'après un espace de cinq ans. L'époux qui avant ce temps contracterait une nouvelle union est puni des peines applicables au conjoint qui par sa faute provoque le divorce [1].

La mort de l'un ou de l'autre entraînait toujours la dissolution du mariage. Mais il est curieux de remarquer les effets différents résultant suivant que le mariage s'était trouvé dissous par le décès du mari ou par celui de la femme.

Au premier cas, la femme doit porter le deuil pendant dix mois, elle ne peut se remarier avant la fin de ce deuil, sous peine, non de nullité du mariage, mais d'infamie [2]. Sous le Bas Empire, pareille infraction prive la femme de la donation entre vif ou du legs à elle fait par son mari, et restreint sa capacité [3], dans ses dispositions envers son nouvel époux.

Mais la femme peut être affranchie du deuil, et si elle accouche avant l'expiration des dix mois de viduité, elle retrouve la capacité de se remarier [4].

Sous les empereurs chrétiens, le délai de dix mois fut porté à un an [5].

Enfin la loi Papia donnait deux ans à la femme pour se remarier, sans la frapper de ses rigueurs [6].

---

[1] L. 6, *De divort.*, xxiv, 2.

[2] LL. 1, 9, pro, *De his qui not. inf.* D. m, 2. L. 11 § 4 eod. 1.

[3] LL. 1 et 2. Cod. *De nup.*, v, 9.

[4] L. 11, § 1 à 3, *De his qui not. inf.*

[5] L. 2. C. *De sec. nupt.* v, 9.

[6] Ulp. xiv.

Est-ce la femme, au contraire, qui vient à mourir, le mari n'est tenu d'aucun deuil ; aucun délai pour se remarier ne lui est fixé, il semble même que la loi lui interdise un sentiment de pudeur et l'empêche de garder un souvenir sacré dans son cœur, puisqu'elle le frappe au jour même du veuvage de ses plus cruelles rigueurs. Le veuf redevient *cœlebs* et comme tel, est passible des peines de la loi Papia. Voilà comme Auguste prétendait moraliser les hommes et rendre au mariage, son caractère sacré des premiers temps.

Le divorce doit arrêter un instant notre attention.

De tout temps à Rome il fut admis que le mariage pouvait se dissoudre de même qu'il s'était formé, c'est-à-dire par le simple consentement des parties.

Plutarque nous apprend que Romulus l'aurait permis aux maris sans réciprocité pour les femmes, mais en limitant toutefois les cas qui pouvaient le déterminer, c'étaient l'adultère, l'ivresse, la tentative de meurtre, etc., en dehors de ces cas une amende assez forte , attribuée partie à la femme, partie au culte de Cérès, venait frapper l'époux qui se séparait de sa femme [1].

La loi des Douze-Tables, au dire de Cicéron, consacrait le même principe, mais au profit des deux époux. Cependant tant que la corruption suite du luxe effréné des femmes, n'eut pas envahi la société romaine, la pureté des mœurs, mieux qu'aucune loi protégeait les unions et les rendait indissolubles de fait. Il faut remonter à l'an 520 de

---

[1] Plutarque, *Vie de Romulus.*

Rome pour voir le premier exemple de divorce se manifester, encore s'il faut en croire Aulu-Gelle, Valère Maxime et
Denys d'Halicarnasse qui nous rapportent le fait, ce ne fut
pas par suite de désaccord que Spurius Carvilius Ruga ré-
pudia sa femme, mais à cause de sa stérilité [1].

Mais la corruption ne tarda pas à s'introduire à Rome et
y fit des progrès si rapides, que le mariage n'eut presque
plus de stabilité, ce qui fit dire à Sénèque : « Que les femmes ne comptaient plus les années par le nombre des
consuls, mais bien par celui de leurs maris [2]. » Auguste
voulut, par l'introduction des lois Caducaires, redonner
une vigueur à l'institution qui chancelait, il ne fit que
l'ébranler davantage, car ces malheureuses lois provoquè-
rent un nombre infini d'unions d'hommes et de femmes qui
n'avaient d'époux que le nom, on se mariait pour échapper
à la loi et quand ses effets n'étaient plus à craindre on ré-
pudiait l'époux ou l'épouse,

L'histoire nous rapporte avec quelle facilité et pour
quels motifs futiles un mariage était rompu et la verve sa-
tirique des poëtes a pu s'exercer facilement pour conspuer
un tel état de choses. Ecoutez cette épigramme de Martial :

> Aut minus aut certe non plus, Tricessima lux est
> Et nubit decimo jam Telesina viro.
> Quæ nubit toties, non nubit, adultera lege est
> Offendar mœcha simpliciore minus [3].

[1] Aulu-Gelle. iv. 3, § 2. xvii. 21. § 44.
[2] Sénèque, *De beneficiis*. iii. 16.
[3] Martial.

Les formes du divorce, à Rome, étaient assez simples. D'abord le seul consentement des parties suffisait, et l'on disait alors que la séparation avait lieu *bona gratia*. Mais il se pouvait que le divorce fût provoqué par un seul des époux. Celui-ci devait alors signifier son intention de cesser la vie commune en envoyant par un esclave le *repudium* à son conjoint. Le libellé de cette signification était assez laconique, mais n'avait rien de sacramentel. *Tuas res tibi habeto*, écrivait le mari à sa femme en la répudiant. *Tuas res tibi agito*, disait la femme quand c'était elle qui provoquait la séparation [1]. La loi Julia *de adulteriis*, sans toucher à ces formes primitives, imposa l'obligation d'exprimer en présence de sept témoins romains pubères, l'intention de divorcer ; c'était afin de déterminer exactement la date de la séparation dans un but dont l'utilité se révélera bientôt [2].

Dans le principe, le divorce était absolument libre, c'est-à-dire que la loi n'avait pas réglé les conditions dans lesquelles l'exercice de ce droit pouvait avoir lieu, à l'exception de deux cas toutefois qu'il importe de signaler : 1° l'affranchie épousée par son patron, même contre son gré, ne peut envoyer le *repudium* ou se séparer de lui sans perdre dans le premier cas le droit de recouvrer sa dot, dans le second cas le droit de s'unir à un autre homme *invito marito* soit en mariage, soit en concubinat [3]; 2° la loi Julia enjoignait au mari de répudier sa femme adultère

---

[1] L. 2, § 1 *De divort.* XXIV, 2. Cic. *De oratore*, 1, 40.
[2] L. 9, *De divort.* L. 1 § 1, *unde vir.* XXXVIII, 11.
[3] L. 51 pr. *De ritu nupt.* LL. 10 et 11, *De divort.* L. 2, pr. *De concub.*

sous peine de se rendre coupable du crime de *lenoci-
nium* [1].

Enfin, comme nous l'avons déjà dit, le père de famille
qui avait toujours en puissance son enfant, pouvait rompre
son mariage, et par conséquent envoyer le *repudium* à son
conjoint. Mais ce droit exorbitant n'existait plus sous Marc
Aurèle, si ce n'est pour des causes majeures et au cas où
l'enfant par suite de folie ne pouvait témoigner sa volonté.

L'abus du divorce devint tel à Rome que le législateur
dût intervenir et limiter les causes pour lesquelles on pourrait s'adresser le *repudium* ; ce fut sous l'influence du christianisme que se réalisa ce véritable progrès. Le divorce
bona gratia, sous Justinien, fut interdit, sauf une seule exception, lorsque les deux époux désirent garder une chas-
teté absolue [2]. Quant au divorce, suite d'une répudiation,
Constantin et ses successeurs le réglèrent assez sévèrement.
Désormais des peines très graves sont infligées à celui qu',
par suite d'une faute grave, amène la rupture de l'union.
Si c'est la femme, elle est déportée ; si c'est le mari, il ne
peut plus se remarier. Si la cause est légère et futile ? Im-
putable à la femme, elle ne peut plus se remarier ; imputa-
ble au mari, semblable incapacité le frappe pour deux années [3].

Enfin, Théodose et Valentinien ont déterminé un certain
nombre de causes dites légitimes dont l'admission donne

---

[1] L. 2 § 2. L. 11 § 10. L. 19 pr. *Ad leg. Jul. de ad.*

[2] Novelle 117, ch. 10.

[3] LL. 1 et 2, C. C. Th. *De repud.* L. 8 Cod. *De repud.*, v. 17. Novelle 117.

effet au divorce sans application de peine pour les époux. Toutefois, dans ce cas la femme ne peut se remarier qu'un an après la séparation.

Le divorce, en ce qui concerne la personne de la femme, entraînait certaines conséquences qu'il est important de retracer ici.

Tout d'abord, l'application des lois caducaires ne touchait pas la femme pendant tout le temps que la loi lui accordait pour se remarier.

En cas de divorce *bona gratia*, la femme ne peut pendant le délai de soixante jours ni affranchir, ni aliéner un esclave ; et la raison de cette incapacité repose sur une présomption d'adultère contre elle. Or, cette dernière, en affranchissant un esclave, le dérobe à la torture et son témoignage peut n'être plus sincère [1].

Mais c'est surtout le divorce survenant au milieu d'une grossesse qu'il est curieux d'examiner.

La procréation des enfants, suite naturelle du mariage, donnait à la femme contre son mari un moyen de profiter, comme de faire profiter ses enfants, des bénéfices résultant de la règle : *Pater is est quem nuptiæ demonstrant.*

C'était l'action préjudicielle *de partu agnoscendo*, son utilité, on le conçoit, était grande, le droit aux aliments et le droit à l'hérédité en dépendaient. Mais c'est particulièrement au cas de grossesse après divorce que l'utilité de cette action apparaissait. La femme qui se prétendait enceinte devait en faire la déclaration à son mari ou à son

---

[1] L. 22 p. L. 16 p. et § 1 *Qui et à quibus.* L. 22 § 1 eod. T. L. 11 eod. T.

propre père, dans le délai de trente jours, sous peine d'être déchue de l'action *de partu agnoscendo*, et par suite de son droit aux aliments, à moins de restitution justifiée (les droits de l'enfant étant réservés) [1].

Le silence du mari le rend débiteur de la pension alimentaire, il ne lui reste que le droit d'engager une *controversio de statu*, dans laquelle, jouant le rôle de demandeur, il est tenu de la preuve. S'il a protesté contre l'allégation de la femme, cette dernière doit justifier de la légitimité de son enfant.

Enfin, lorsque la femme qui divorce et se déclare enceinte, parait mentir, un rescrit de l'empereur Marc Aurèle la soumet à une vérification matérielle d'une grande brutalité. L'édit du préteur la plaçait sous une surveillance minutieuse dont les détails nous sont conservés au Digeste au titre de *Inspiciendo ventre, custodiendoque ventre* [1].

Effets de la dissolution du mariage en ce qui concerne les biens de la femme.

Sous ce chapitre, nous nous proposons d'examiner quel doit être le sort de la dot de la femme lorsque le mariage est dissous.

Deux cas distincts sont à examiner :

[1] Dig. liv. xxv, tit. iv.

1° Le mariage est dissous par la mort du mari ou par le divorce.

2° Il le devient par la mort de la femme.

1° Lorsque du vivant de la femme le mariage prenait fin, soit par le divorce, soit par la mort du mari, la dot qui, on le sait, était constituée, toujours dans l'intérêt de la femme, devait toujours lui être restituée, et cela sans qu'il pût être fait aucune distinction entre la dot profectice et la dot adventice; mais il faut ici faire une double distinction. La femme est-elle *sui juris,* ou bien encore sous la puissance paternelle? De là va dépendre la restitution.

Si la femme se trouve *sui juris* à la dissolution du mariage et lors de la restitution de la dot, c'est à elle seule que la restitution sera faite par les héritiers du mari et l'action *rei uxoriæ* lui appartient exclusivement.

Si la femme se trouvait *alieni juris* au moment de la restitution de la dot, nous voyons ici une grande dérogation aux principes généraux sur la puissance paternelle; le père ne peut exercer l'action *rei uxoriæ* ni obtenir la restitution des valeurs dotales qu'avec le concours de sa fille; d'après un rescrit de Caracalla, le père peut agir seul, lorsque la fille est en démence, et même dans tous les cas si elle ne proteste pas.

2° Le mariage est-il dissous par la mort de la femme, il faut se rappeler ici la distinction faite précédemment de la dot profectice et de la dot adventice; au premier cas elle revenait au père ou à l'aïeul constituant, sauf certaines retenues dont nous parlerons bientôt. Peu importait, pour que ce retour s'effectuât, que la femme fût émancipée ou fût encore sous la puissance de son père [1]. En cas de prédécès du père ou de l'aïeul, la dot revenait au mari. Au second cas, elle restait au mari, à moins que le tiers qui l'avait donnée n'eût stipulé qu'elle lui ferait retour, auquel cas cette dot dite *receptitia* était recouvrable au moyen de l'action *ex stipulatu*.

Voilà les principes généraux qui dominent la matière de la restitution de la dot. Quant au délai dans lequel devait être faite cette restitution, il a varié. Tantôt c'est de suite, tantôt après un certain temps. Lorsque la dot consistait en choses qui s'apprécient au poids, au nombre ou à la mesure, elle devait être restituée par annuités dans l'espace de trois ans; toutes les autres dots devaient l'être sur le champ [2].

Justinien, dans une constitution, a fait une distinction autre, d'après laquelle les choses mobilières devaient être restituées dans l'année qui suit la dissolution du mariage, et les choses immobilières immédiatement [3].

La restitution faite par le mari subissait certaines réductions que nous énumérerons rapidement ici en renvoyant aux textes pour les détails :

1° *Propter liberos retentiones* : le divorce étant survenu par la faute de la femme ou du *paterfamilias*, sans qu'il y ait à distinguer qui a envoyé le *repudium*, le mari est auto-

---

[1] L. 40 p. D. xxiv, 3.
[2] Ulpien, frag. L. 6, § 8.
[3] L. 4 § 7 Cod. *De rei uxoriæ act.*

risé à retenir un sixième de la dot pour chaque enfant, sans dépasser la moitié [1].

2° *Propter mores* : l'inconduite de la femme suivant que la faute était grave ou légère donnait lieu à une rétention d'un sixième ou d'un huitième. L'inconduite du mari donne aussi lieu à une peine, il perd le bénéfice du terme pour la restitution des choses fongibles [2].

3° *Propter impensas* : mais il y a lieu de distinguer entre les dépenses nécessaires, utiles et voluptuaires. Le mari n'a le droit de rétention qu'à raison des deux premières [3].

4° *Propter res donatas* : elles reposent sur la nullité des donations [4].

5° *Propter res amotas* : si durant le mariage la femme a détourné des objets appartenant au mari, ce dernier peut en retenir la valeur sur le montant de la dot [5].

Pour assurer le recouvrement de ces *retentiones* non exercées immédiatement, le mari a les actions suivantes : *de moribus, condictio indebiti, condictio, et rerum amotarum,* il perd son recours s'il n'a pas exercé les *retentiones propter mores.*

Nous venons de voir la dot subir une double évolution. Tout d'abord le principe qui la régit est le suivant : *maritus dominus dotis est.* Puis un principe intermédiaire est sur-

1 Ulp. frag. 6, § 10. Vati frag. § 1, 11.
2 Ulp. reg. VI, § 12, 13.
3 Ulp. Reg. VI § 15, 17.
4 Ulp. reg. VI § 9.
5 Ulp. reg. VI § 9.

venu : le mari est bien propriétaire de la dot, mais la loi donne à la femme une créance, une action personnelle en restitution, elle étend même les garanties nécessaires pour assurer l'exercice de cette action. Enfin nous voyons prévaloir un principe complétement opposé à celui admis à l'origine, la dot n'est plus la propriété du mari, mais bien de la femme, le mari n'a plus sur elle qu'un droit de jouissance.

Avant Justinien, les droits de la femme et le sort de sa dot sont réglés ainsi :

La femme a un *privilegium exigendi* [1].

Le fonds dotal ne saurait être ni aliéné ni hypothéqué.

La restitution de la dot peut être garantie par des hypothèques conventionnelles ou des cautionnements.

Après Justinien, les droits de la femme, quant à sa dot, se trouvent garantis de quatre manières :

1° Lorsque s'ouvrira l'*actio rei uxoriæ*, la femme pourra par une action réelle réclamer les biens dotaux qui se retrouveraient dans le patrimoine du mari et elle n'aura pas à souffrir des droits d'hypothèque que ce dernier aurait pu concéder à ses propres créanciers.

2° Une hypothèque légale sur tous les biens du mari, privilégiée et opposable à tous les créanciers hypothécaires garantit la restitution de la dot.

3° Le recouvrement de ses paraphernaux en tant que

1 L. 19 *De rebus jud.* XLII 5. L. Cod. *De prir. dotis,* vii, 74. L. 9 Cod. *De jure dotium,* v. 12.

créances dont le mari a pu toucher le montant, est assuré par une hypothèque générale.

4° Enfin la réalisation de la *donatio propter nuptias* est assurée par une hypothèque générale [1].

Condition de la femme mariée sous le rapport du droit de succession.

Pour terminer notre étude sur l'état et la capacité de la femme mariée dans la loi romaine, nous devons rapidement faire connaître quels droits lui étaient accordés dans les successions tant de son mari que de ses enfants et dire aussi comment sa propre succession était dévolue.

Si nous considérons la succession *ab intestat*, il suffit de nous souvenir que le système primitif en repose sur la triple base de la puissance paternelle et de la parenté civile et politique : « *Intestatorum hereditates lege Duodecim* « *Tabularum primum ad suos heredes pertinent, si nullus sit* « *suorum heredum, tunc hereditas pertinet ad agnatos, si nul-* « *lus agnatus sit, eadem lex gentiles ad hereditatem vocat* », nous dit Gaïus [2]. Et que dans cette dévolution si simple des successions, rien ne distingue la femme de l'homme, que tous deux au contraire sont sur le même pied d'égalité.

[1] L. 12 § 2 Cod. *Qui potiores*, viii, 18. Novelle 109 chap. 2.
[2] Gaïus, iii, 1, 9, 17.

Nous avons vu plus haut qu'en tombant sous la *manus* de son mari, la femme devenait pour lui *loco filiæ* et qu'elle lui empruntait ses liens d'agnation. Nous savons que c'est en qualité d'agnate qu'elle va venir à la succession et de son mari dont elle est *heres sua*, et à celle des agnats de ce dernier. « *Uxor quoque quæ in manu est, sua heres est, quia* « *loco filiæ est, item nurus, quæ in filii manu est, nam et hæc* « *neptis loco est ; sed ita demum erit sua heres, si filius cujus* « *in manu erit, cum pater moritur, in potestate ejus non sit,* « *idemque dicemus et de ea quæ in nepotis manu, matrimonii* « *causa sit, quia pro neptis loco est* [1]. »

Mais dans le mariage libre, où la femme ne tombe pas en puissance, il ne peut être question de la succession de la femme au mari, puisque entre eux deux manque le lien de puissance, seule raison de la succession civile. Aussi voyons-nous le préteur corriger cette dureté de la loi qui n'encourageait pas la femme à veiller à la prospérité du ménage et créer pour elle une vocation éventuelle à la succession de l'époux, alors qu'il ne laisse aucun parent *(cognati)* au degré successible, c'est la *bonorum possessio unde vir et uxor*.

Justinien, par sa Novelle LIII, établit une succession privilégiée en faveur de l'époux misérable, privilége que la Novelle CXVII réserve seulement à la veuve.

C'est encore à titre d'agnate que dans le mariage avec *manus* la femme va être appelée à la succession de ses propres enfants, et que ceux-ci vont succéder à leur mère. En

[1] Gaïus, III, 3.

effet, ils sont entre eux comme frères et sœurs, comme consanguinei, « *Sororis autem nobis loco est etiam mater aut* « *noverca, quæ per in manus conventionem apud patrem* « *nostrum jura filiæ consecuta est*[1]. » En effet, c'est une des conséquences bizarres de la *manus*, que la femme, alors qu'elle y est soumise, n'a pas d'héritiers siens, elle n'a pas de descendants à proprement parler, elle n'a que des collatéraux.

La mère et les enfants, en arrivant à la succession *ab intestat*, subissent le concours de tous ceux qui ont le rang d'agnats.

Si maintenant nous considérons le mariage libre, la situation de la mère et de ses enfants est encore bien plus fausse, n'étant pas unis les uns aux autres par le lien politique seul admis par la loi pour la dévolution de la succession, et n'ayant entre eux que les liens de la parenté naturelle, la *cognatio*. La mère comme les enfants ne se trouvent point avoir réciproquement vocation pour s'entre-succéder. La mère n'hérite pas de ses enfants, elle ne peut leur transmettre sa succession.

Mais de bonne heure le préteur était déjà venu pallier cette logique rigoureuse du droit civil, en accordant aux enfants la *bonorum possessio unde cognati*, qui permettait aux enfants d'arriver à la succession de leur mère après les agnats[2]. Il avait aussi accordé à la mère cette *bonorum possessio* pour appréhender la succession de ses enfants, à dé-

---

1 Caius, III, 14.
2 Caius, L. 2 D. *Unde cognati*, 38, 8.

faut de personnes invoquant la *bonorum possessio unde liberi*, ou la *bonorum possessio unde legitimi* [1].

Plus tard deux sénatus-consultes vinrent apporter une profonde modification dans toute cette législation, et marquer le premier pas dans une voie plus naturelle et plus juste.

C'est d'abord pour ce qui regarde la vocation de la mère à la succession de ses enfants, le sénatus-consulte Tertullien, rendu sous le règne d'Adrien, ou d'Antonin-le-Pieux.

Il suffit alors à la femme d'avoir mis au monde trois enfants si elle est ingénue, et quatre si elle est affranchie, ou d'avoir acquis *beneficio principis* [2], le *jus liberorum*, pour pouvoir profiter de l'innovation du sénatus-consulte, et cela sans avoir à distinguer si elle est ou non *sui juris*.

Mais il importe de remarquer que si la mère vient à la succession de son enfant *inter agnatos* avec la *bonorum possessio unde legitimi*, elle est primée par le frère du *de cujus*, admise en concours avec la sœur, mais prime les autres agnats :

« *Intestati filii hereditas ad matrem ex lege Duodecim Tabu-*
« *larum non pertinet ; sed si jus liberorum habeat, ingenua*
« *trium, libertina quatuor, legitima heres fit ex senatus-con-*
« *sulto Tertulliano, si tamen ei filio neque suus heres sit, quive*
« *inter suos heredes ad bonorum possessionem a prætore voca-*
« *tur, neque pater ad quem lege hereditas bonorumve posses-*
« *sio cum re pertinet, neque frater consanguineus; quod si*

« *soror consanguinea sit, ad utrasque jubetur pertinere here-*
« *ditas.* » Voilà en résumé d'après Ulpien le mécanisme
de ce premier sénatus-consulte [1].

Les constitutions impériales modifièrent avant Justinien
ce sénatus-consulte, et c'est à elles que les Instituts font
allusion : « *Antea constitutiones, jura legitima successionis*
« *perscrutantes, partim matrem adjuvabant, partim eam*
« *prægravabant et non in solidum eam vocabant, sed in qui-*
« *busdam casibus tertiam si partem abstrahentes, certis legiti-*
« *mis dabant personis, in aliis autem contrarium faciebant* [2]. »
Justinien modifie encore ces dernières dispositions du
sénatus-consulte ; d'abord il supprime la distinction qui
était faite entre la mère ingénue et l'affranchie, leur donnant à toutes deux un droit égal à la succession de leur
enfant décédé, alors même qu'il se serait trouvé être le
seul ; puis il modifia le rang auquel la mère était appelée.
Elle n'est plus exclue par aucun collatéral ; elle prime les
collatéraux autres que frères et sœurs [3].

Le second sénatus-consulte fut le sénatus-consulte Orphitien ; il appela les enfants à l'hérédité de leur mère dé-
cédée *Intestata* : « *Imperatorum Antonini et Commodi ora-*
« *tione in senatu recitata idactum est ut, sine in manum con-*
« *ventione, matrum legitimæ hereditates ad filios pertineant:*
« *exclusis consanguineis et reliquis agnatis* [4]. » Il n'y a pas

---

[1] Ulpien, Frag. xxvi, § 8.

[2] L. 1 Cod. T. 1, *De legit. hered.* 33, 17, 5, 1. L. 7 cod. tit. Institutes, § 5, *De senatus cons. Tertul.*

[3] Inst. § 5, *De senatus cons. Tertull.*

[4] Frag. d'Ulpien, xxvi § 7.

dans cette vocation à distinguer si les enfants sont *sui juris*, ou au contraire, soumis à la puissance paternelle. Quant au rang qu'il confère, le sénatus-consulte Orphitien appelle les enfants préférablement aux frères ou sœurs *consanguinei* et à tous autres agnats. Ils priment même le patron et le père émancipateur, si la mère était affranchie ou émancipée [1].

Une lacune subsistait dans ce sénatus-consulte Orphitien. Les enfants seuls avaient vocation à la succession de leur mère, ce qui excluait les petits enfants. Une constitution des empereurs Valentinien et Théodose la combla, en appelant les petits-enfants à la succession de l'aïeul, et les enfants de la fille à la succession de l'aïeule maternelle [2].

Mariage du droit des gens. Concubinat

A coté du mariage proprement-dit, ou *justæ nuptiæ*, dont nous venons d'étudier le caractère et les effets, les textes nous révèlent d'autres sortes d'union dont nous voulons dire ici quelques mots, pour voir en son ensemble l'idée que présentait la législation romaine de l'union des sexes.

Le mariage du droit des gens est bien un véritable mariage reconnu et autorisé par la loi, mais c'est l'union en-

[1] Ulpien L. 1 § 6 in fine *Ad senat. cons. Tertull.*
[2] L. 4 § 2 *De legit. hæred.* eod. tit. v. 1.

tre deux personnes libres, dont l'une au moins n'est pas romaine ; Ainsi un romain épousant une latine ou une Pérégrine et vice versa, se trouvent bien en réalité mariés, mais comme ils n'ont pas le *connubium*, entre eux un des éléments des *justæ nuptiæ* manquant, elles n'existent pas [1]; ce mariage conférait à la femme le nom d'*uxor injusta*, lui communiquait la condition de son mari, la nationalité, exceptée, et la soumettait à l'adultère, dont la poursuite appartenait bien au mari, mais sans privilége et suivant le droit commun [2];

Un des grands avantages de ce mode d'union, c'est que, par la *causa probatio*, l'*erroris causa probatio*, ou une concession formelle du *jus civitatis* à deux Pérégrins le mariage du droit des gens pourrait se transformer en *justæ nuptiæ* et en produire tous les effets [3].

Le concubinat, sorte d'union reconnue par la loi, moins honorable et moins respectée que la *justa nuptia* et même que le mariage du droit des gens, a pris place à Rome, par suite des prohibitions de mariage faites entre ingénus et affranchis : Dans les premiers temps, il n'en était pas ainsi : « *Libro memorialium Massurius scribit. Pellicem apud anti-* « *quos eam habitam, quæ, cum uxor non esset, cum aliquo* « *tamen vivebat, quam nunc vero nomine amicam Paulo ho-* « *nestiore concubinam appellari* », nous dit Paul [4]. Mais l'introduction des lois Caducaires sous Auguste nécessita la

<hr>

[1] Caïus, 1, § 29, 66 à 78, 92.
[2] L. 13 § 1, *Ad leg. Jul.* D. ad. Collat. *Leg. Mosaic.* t. iv, cap. 5.
[3] Caïus 1 § 29, 30, 31. Ulpien m § 3. Caïus 1, § 67 à 72, 93, 94.
[4] Dig. L. 111, *De verb. sig.*

réglementation de ces relations, et suivant certains auteurs leur organisation se trouvait dans les lois Julia et Papia. Le but s'explique donc aisément ; on a voulu éviter autant que possible l'application des déchéances établies par la nouvelle législation d'Auguste, et rendre plus facile l'acquisition des *præmia patrum*.

A partir de ce moment, le concubinat n'a plus rien de honteux, et ce qui le distingue seulement du mariage, c'est la seule volonté des parties et l'affection des époux : « *concubina ab uxore solo dilectu separatur.* » *Concubinam ex sola animi destinatione æstimari oportet*, nous dit le jurisconsulte Paul[1]. Il se contracte d'ailleurs sans plus de formalité que le mariage ; comme lui, il exige de part et d'autre la puberté ; il ne saurait être contracté entre alliés, parents qui seraient incapables de faire la *justæ nuptiæ*.

Il est exclusif, en ce sens que l'homme marié ne peut le contracter, l'on ne peut avoir à la fois et une femme légitime et une concubine : Il est même défendu à la femme d'être la concubine après avoir été la femme d'un homme[2].

Quant aux différences existant entre le concubinat et les *justæ nuptiæ*, on peut les résumer ainsi :

Il n'y a pas égalité entre l'homme et la femme qui ne sont unis que par le concubinat. La concubine ne prend pas le nom de *materfamilias*. Il n'y a pas d'adultère dans le concubinat, et les conséquences de ce crime ne frappent

---

[1] Paul II, 20 sent L. 4, *De concub.* xxv, 7.
[2] L. 1 § 4, *De concub.* L. 1 § 3, eod. tit. Lex unic. *De concub.* v. 16.

pas. Enfin il n'y a pas de dot et les dispositions y relatives, ainsi que celles concernant les donations entre époux n'ont point d'application.

Il faut toutefois remarquer que le concubinat produit l'*affinitas* et toutes ses conséquences.

Après Justinien, et par une novelle, l'empereur Léon VI, le Philosophe, supprima le concubinat, et voici dans quels termes et pour quels motifs : « *Ne ergo hoc legislatoris erra-* « *tum dedecore nostram rempublicam afficere sinamus. Itaque* « *lex illa in æternum sileto. Ab illa enim non modo religionis,* « *rerum etiam naturæ injuria secundum divina Christianis-* « *que convenientia præcepta prohibemur.* [1]. »

[1] Imperatoris Leonis Augusti Novellæ constitutiones, ch. 91.

LÉGISLATION FRANÇAISE

***

ÉTAT ET CAPACITÉ DE LA FEMME MARIÉE
D'APRÈS LE CODE CIVIL

***

Considérations générales.

Pothier donne du mariage la définition suivante : « Le
« mariage est un contrat revêtu des formes prescrites par
« les lois, par lequel un homme et une femme, habiles à
« faire ensemble ce contrat, s'engagent réciproquement,
« l'un envers l'autre, à demeurer toute leur vie ensem-
« ble dans l'union qui doit être entre un époux et une
« épouse [1]. »

Les rédacteurs du Code Civil, n'ont pas pris la peine de

[1] Pothier, *Contrat de mariage.*

donner une définition du contrat dont ils allaient édicter les règles. C'est à la discussion du projet de loi qu'il faut nous reporter pour connaître l'idée que le législateur se faisait de l'union des sexes. L'orateur du gouvernement a défini le mariage : « La société de l'homme et de la femme « qui s'unissent pour perpétuer leur espèce, et pour s'ai- « der par des secours mutuels à porter le poids de la vie, « en partageant leur commune destinée [1]. »

Ce qui se dégage réellement de cette définition exacte du mariage, c'est que la loi désormais, considère l'union de l'homme et de la femme comme un contrat, soumis, comme les autres contrats, à l'action des lois civiles, et dont les conditions et les effets peuvent être réglés par l'autorité humaine.

C'est le retour à l'ancien principe romain, que l'influence du Christianisme avait fait fléchir momentanément, en confondant l'union spirituelle des âmes, élevée à la dignité d'un sacrement, avec l'union corporelle.

Cette confusion de deux idées si différentes, l'ancien Droit Monarchique l'avait acceptée ; l'Eglise venait d'imposer son autorité, le prêtre, par elle, était devenu le ministre et le témoin des fidèles. C'est contre cet envahissement par l'autorité spirituelle, source d'abus et d'exactions sans nombre dont l'histoire fut témoin, que Pothier élevait timidement la voix, demandant que la puissance séculière fut reconnue en semblable matière, et que l'Eglise fit des concessions au Roi [2].

[1] Fénel.
[2] Pothier, *Contrat de mariage*, n° 15 et suiv.

La constitution du 5 septembre 1791 fit cesser cet état de choses, en édictant sous l'article 7 du titre 2, que « la loi ne considère le mariage que comme contrat civil. » Ce principe n'a plus varié depuis.

Le mariage est donc un contrat, mais un contrat d'une espèce particulière, dans la règlementation duquel le législateur s'est souvent écarté des principes fondamentaux qui régissent les contrats, et a introduit de nombreuses restrictions à la liberté des parties contractantes.

Dans le but d'imprimer à l'union de l'homme et de la femme, un caractère profondément moral, le législateur a fait du mariage un contrat solennel. A côté de cette première considération, une autre vient se ranger ; c'est l'intérêt des familles, des parties elles-mêmes, enfin de la société toute entière. Ainsi s'explique toute cette série de conditions imposées, non-seulement pour l'existence du mariage et sa validité, mais encore pour sa célébration.

Pour qu'il y ait mariage, la loi exige, chose naturelle, différence de sexe, consentement des parties contractantes, solennités accomplies devant un officier de l'état civil, destiné à les revêtir de l'authenticité qui leur est essentielle : à défaut de ces conditions le mariage n'existe pas.

Pour que le mariage soit valable, il faut que le consentement des époux soit libre ; exempt d'erreur dans la personne ; que ce même consentement soit sanctionné, renforcé par celui de certaines personnes que la loi désigne ; que les conjoints soient pubères; libres de toute union, et qu'ils n'aient entre eux aucun lien de parenté ou d'alliance jusqu'à un certain degré.

Enfin que l'officier public soit compétent.

Si l'une de ces conditions a été négligée, il y a bien mariage, mais il est annulable.

En dernier lieu, pour que le mariage puisse être célébré, la loi veut, que les enfants même majeurs quant au mariage, demandent le consentement de leurs ascendants ; qu'il n'y ait pas d'opposition au mariage ; que les publications qu'elle prescrit aient été faites. Et pour la femme, qu'elle observe le délai de viduité en cas de convol.

L'inobservation de ces conditions n'empêchera pas le mariage d'exister, il sera même valable, mais une sanction pénale est attachée à leur infraction.

Voilà pour ce qui concerne l'union de l'homme et de la femme, dans ses rapports extérieurs avec la société. Mais le législateur a été plus loin, il est entré dans la famille même, pour règlementer les rapports des époux entre eux, établir leurs droits et leurs devoirs réciproques.

Dans cette œuvre, trouverons-nous l'égalité, l'équité, la raison ? La loi qui va faire la part de chacun des époux, aura-t-elle donné à la femme tout ce qu'elle est en droit d'exiger, ou bien, au contraire, suivant en cela l'exemple des nations anciennes, va-t-elle faire une place infime à l'épouse au foyer domestique, créer contre elle une suite d'incapacités dont le seul but sera de la mettre sous la dépendance de son mari ? Hâtons-nous de le dire, la loi française est assurément plus libérale, plus équitable, que toutes celles que nous venons de parcourir. Mais, hélas ! elle n'est pas parfaite ! Nous rencontrerons dans la suite, bien des lacunes qui sont presque des injustices.

Le temps, nous l'espérons, accomplira son œuvre, et sans nous livrer à des rêves dont la réalisation pour bien des gens n'est qu'une utopie, nous croyons fermement que le législateur revenant sur lui-même fera cesser tous les petits abus (conséquence forcée des souvenirs de l'ancien Droit), dont la femme est encore victime.

Nous diviserons ce dernier point de notre travail, en deux parties. Dans la première nous rechercherons qu'elle est la condition faite à la femme par le mariage, en ce qui concerne sa personne. Dans la seconde, nous examinerons la condition de la femme mariée par rapport à ses biens. Nous aurons ainsi rempli notre tâche et montré, comme nous nous le proposions, l'état et la capacité de la femme mariée.

PREMIÈRE PARTIE

ÉTAT DE LA FEMME MARIÉE

Le mariage, en ce qui concerne la femme, produit quant à sa personne des effets multiples, selon qu'on le considère en ce qui touche la famille que la femme va quitter, en ce qui regarde celle dans laquelle elle va entrer, enfin en ce qui concerne la nouvelle famille dont elle deviendra la souche. C'est à ces trois points de vue que nous entendons traiter notre sujet.

CHAPITRE 1ᵉʳ

De la femme mariée dans ses rapports avec sa propre famille

La femme, par le mariage, quitte de fait sa famille dont elle ne porte plus le nom ; mais juridiquement parlant, elle conserve exactement la place qu'elle y occupait avant son union. L'autorité paternelle qui pesait sur elle en cas de minorité, prend fin et fait place à la puissance maritale.

Mariée, la fille n'en doit pas moins respect et honneur à ses parents et même secours et assistance s'ils sont dans le besoin. Ce sont deux obligations qui ne prennent fin qu'avec la mort de celui qui s'y trouve soumis ou de celui qui en profite.

Les père et mère, ou autres ascendants, les frères et sœurs ainsi que tous parents successibles conservent après le mariage leurs droits éventuels à la succession *ab intestat* d'une femme. Certains ascendants même, que la loi appelle privilégiés, ne pourront pas souffrir de ses dispositions testamentaires ou entre-vifs au-delà de la réserve. Ce droit éventuel des successibles de la femme tombe devant un descendant, mais prime celui du mari, que la loi n'appelle qu'à un degré très éloigné.

De son côté la femme continue à avoir droit à des aliments, alors que l'indigence la frappe, et que les ressources de son mari sont impuissantes pour l'en retirer.

Elle conserve dans les successions de ses père et mère et autres ascendants, dans celles de ses frères ou sœurs et collatéraux, les droits que la loi lui donnait étant fille.

L'ancienne coutume, dont l'origine remonte au droit féodal, de faire renoncer les filles en se mariant à l'hérédité paternelle, avait l'inconvénient de dépouiller la femme d'une partie de ses droits dans cette hérédité, car souvent la dot qu'on lui constituait n'en était pas l'équivalent. Le Code, en proclamant dans une série d'articles [1] l'inutilité

---

[1] Code civil, art. 791, 1130, 1389, 1600.

des conventions sur les successions futures, la nullité de tout pacte, même par contrat de mariage, emportant renonciation à la succession d'un homme vivant, et celle de toutes conventions matrimoniales tendant à changer l'ordre légal des successions sous quelque rapport qu'on se plaçat, fit heureusement cesser cet abus et rétablit la femme sur le pied d'égalité qui lui appartenait.

En cas de prédécès, les enfants de la femme qui sont liés par la parenté du sang avec tous ses propres ascendants et ses frères ou sœurs, exerceront ses droits, en ce qui touche les successions pour lesquelles elle a vocation, et ce par représentation (art. 739 et suiv.).

La femme mariée devient-elle veuve, elle ne retombe pas sous la puissance paternelle, alors même qu'elle n'aurait pas atteint l'âge de majorité, car le mariage l'a émancipée ; mais majeure ou mineure émancipée, elle retrouvera cependant encore sa propre famille qui, dans certaines circonstances, reprendra sur elle une partie de l'autorité dont la loi l'avait investie autrefois.

Ainsi, la veuve qui, tutrice de ses enfants, voudra se remarier, réunira le conseil de famille de ces derniers, dont partie se compose des parents maternels, et c'est d'après leur avis qu'elle conservera ou perdra la tutelle.

Pour contracter une nouvelle union, la veuve aura toujours besoin du consentement paternel ou maternel dans les limites édictées par les articles 148 et suivants.

Enfin, si la femme est mineure, elle retrouvera dans son conseil de famille, dont les avis et décisions seront requis à des moments donnés, ses plus proches parents.

CHAPITRE II

Condition de la femme comme épouse

---

§ I

Un effet immédiat du mariage, et qu'il importe de signaler de suite, c'est d'acquérir ou de faire perdre à la femme la nationalité française, suivant qu'il s'agit d'une union entre une étrangère et un français, ou d'un mariage entre une française et un étranger.

« Art. 19. — Une femme française qui épousera un « étranger suivra la condition de son mari. »

L'idée généreuse qui a guidé le législateur, alors qu'il édictait ce principe, basée sur ce que la femme n'était que le complément de l'homme, et que tous deux, dans le mariage, étaient destinés à ne former qu'un seul tout, a pourtant fait naître un résultat bizarre et choquant.

Avec l'article 19, il peut se faire qu'une femme ait deux patries, il peut advenir qu'elle n'en ait pas du tout.

On peut, contre ces dispositions de notre loi, présenter l'observation suivante :

La loi peut bien retirer à une femme la qualité de fran-

çaise, alors qu'elle s'unit par le lien le plus sacré à un
un homme dont l'esprit, peut-être, est hostile au pays.
D'un autre côté, elle a le droit de conférer le bénéfice de la
nationalité française à celle qui consent à prendre un époux
sur notre sol. Mais il est certain qu'elle dépasse ses limites
en voulant conférer ou ôter une nationalité étrangère à la
femme française ou étrangère, car elle se heurte de front
avec les lois d'autres pays qui n'admettent pas son principe, ce qui a lieu en Angleterre.

Une autre critique peut être adressée à cet article ; le
principe sur lequel il repose, à savoir que la femme suit la
condition de son mari, n'est pas toujours vrai ; en effet,
l'étranger qui se fait naturaliser français n'acquiert pas, par
là même, à sa femme la qualité de française : et par contre,
le français qui perd cette qualité ne l'enlève pas par voie de
conséquence à sa femme.

Cette opinion que nous admettons, mais qui a pour conséquence de mettre le Code en contradiction avec ses propres principes, a été contestée. Suivant un système plus
logique que le nôtre, il faut le reconnaître, un auteur a admis qu'en se mariant la personnalité de la femme s'absor-
bait dans celle de son époux « *erunt duo in carne und* », et
que partant, elle suivait quand même et toujours la condition de ce dernier [1].

Une réponse bien simple doit suffire pour renverser
cette argumentation par trop biblique pour être juridique.
Aucun texte dans la loi ne laisse le droit de tirer de l'ar-

---

[1] M. Varanbon, *Revue pratique*, t. viii, p. 50, 65 et 130.

ticle 19 des conséquences aussi graves, même, disons-le, aussi injustes parfois pour la femme. Les articles 7 et 17 du Code, qui déterminent comment on acquiert, conserve et perd la qualité de français, sont de droit étroit et ne souffrent aucune extension par analogie.

Les dispositions finales de l'article 19 mitigent un peu ce que son application a de sévère pour la femme. Devenue veuve, elle peut recouvrer sa qualité de française en se conformant à des prescriptions faciles à exécuter.

La femme étrangère qui épouse un français, étant soumise désormais aux lois françaises, tout ce que nous allons dire lui est applicable.

En entrant dans la famille de son mari, la femme en prend le nom, qui ne se substitue pas au sien qu'elle garde toujours, mais ne fait que s'y ajouter. Semblable chose se retrouve dans une disposition de notre loi (art. 347 au titre *de l'adoption*).

Une relation s'établit immédiatement entre les parents du mari et la nouvelle épousée. C'est ce que la loi désigne sous le nom d'alliance. La femme prend place dans cette nouvelle famille à côté de son mari, elle a le même rang que lui et l'on peut dire qu'elle est sa sœur par rapport à ses alliés. Les noms de belle-fille, belle-sœur dont l'usage et la loi la revêtent, expriment parfaitement cette idée.

Des devoirs et des droits découlent forcément pour la femme de cette situation nouvelle. La loi nous les indique.

En dehors de l'obligation d'honorer et respecter ses parents édictée par l'article 371, qui atteint la femme en ce qui touche ses beau-père et belle-mère et autres ascendants par alliance, la loi la soumet à la dette des aliments au profit de ces derniers, dans la proportion de leurs besoins et de ses moyens. Mais cette obligation cesse, nous dit la loi : 1° lorsque la belle-mère a convolé en secondes noces ; 2° lorsque celui des époux qui produisait l'affinité et les enfants issus de son union avec l'autre époux sont décédés.

Cette question de la dette alimentaire offre prise à de grandes difficultés. La rédaction de l'article pèche en ce sens que l'on se trouve forcé d'avoir recours à d'autres articles pour déterminer où commence et où finit l'obligation du débiteur.

D'abord, la femme devra-t-elle des aliments à ses alliés ascendants autres que le beau-père et la belle-mère ? Oui, croyons-nous ; le texte est énonciatif et non pas limitatif. Il suffit de se reporter aux travaux préparatoires du Code pour voir que les termes de beau-père et belle-mère dont se sert l'article 206 sont employés, non par opposition aux ascendants supérieurs du conjoint, mais seulement par opposition au *parâtre* et à la *marâtre*. La rédaction primitive de l'article portait : Les enfants doivent des aliments à leurs ascendants..... et à leurs alliés dans la même ligne (Fenet, p. 66 à 70).

La réciprocité posée par l'article 207 l'est pour l'article 205 aussi bien que pour l'article 206. Il faut donc dire que quand la bru a convolé en secondes noces, son droit aux aliments s'éteint.

A propos de cet article 207, il est curieux de remarquer

l'omission faite sans motif raisonnable ; le beau-père, en cas de convol, conserve toujours son droit aux aliments.

Enfin, on peut reprocher à la loi de n'avoir pas déterminé l'ordre dans lequel s'exercerait le droit d'aliment, de ne pas avoir dit si la dette que ce droit fait naître serait solidaire ou non dans certains cas, et si elle serait transmissible aux héritiers de celui qui la doit ; laissant ainsi la porte ouverte à des interprétations plus ou moins justes de sa volonté et donnant carrière à des procès scandaleux qui malheureusement sont trop fréquents.

L'alliance est un titre pour faire partie d'un conseil de famille et même pour être tuteur. C'est ce qui résulte des articles 417 et 432 du Code civil.

L'alliance est un obstacle au mariage. Il va sans dire qu'il s'agit d'un cas où l'union qui la produisait n'existe plus, autrement l'hypothèse serait impossible ; mais jusqu'où s'étend cette prohibition de la loi ; les articles 161 et 162 la délimitent :

« Art. 161. — En ligne directe, le mariage est prohibé entre tous les ascendants et descendants légitimes ou naturels et les alliés au même degré.

« Art. 162. — En ligne collatérale, le mariage est prohibé entre le frère et la sœur légitimes ou naturels et les alliés au même degré, »

Il convient d'ajouter de suite que d'après les dispositions de l'article 164, l'empêchement au mariage entre beau-frère et belle-sœur peut être levé, pour des causes graves, par le chef de l'Etat. Nous croyons qu'en cela la loi n'a pas été logique, ni même morale. Elle a manqué de logique en mettant au-dessus d'elle et de ses prescriptions une autorité qui doit procéder d'elle, le chef de l'Etat ; elle a lésé la morale, en provoquant le désordre qui doit résulter forcément de l'autorisation qu'elle donne pour des causes graves. Ces causes graves, personne ne l'ignore, déguisent presque toujours une grossesse, c'est-à-dire une faute qui devrait être punie et que l'on récompense.

A côté de ces prohibitions, nous signalerons encore celles de l'article 348. Le mariage est défendu entre l'adopté et la femme de l'adoptant et réciproquement entre l'adoptant et le conjoint de l'adopté. La loi a établi en effet un lien de parenté fictif entre l'adoptant et l'adopté. Il était donc logique que l'alliance fictive en fût le corollaire.

En dehors de ces obligations, droits et prohibitions, l'alliance produit encore, tant en matière civile qu'en matière criminelle, certains effets, dont les uns, par suite de lois nouvelles, n'ont plus d'intérêt, mais dont les autres subsistent toujours.

En matière civile : 1° dans la loi de 1832, qui réglementait la contrainte par corps, nous rencontrons une première restriction apportée à l'exercice de la contrainte par corps sur un débiteur récalcitrant, alors qu'un lien de parenté ou d'alliance l'unit à son créancier.

« Art. 19. — La contrainte par corps n'est jamais prononcée contre le débiteur au profit. 1°..... 2° De ses ascendants, descendants, frères ou sœurs ou alliés au même degré. »

L'article 10 de la loi du 13 décembre 1848 a étendu de deux degrés ces premières dispositions :

La loi de 1867 ayant aboli la contrainte par corps en matière civile et commerciale, ce premier effet de l'alliance a disparu.

2° L'article 66 du Code de procédure civile porte : « L'huissier ne pourra instrumenter pour ses parents et alliés et ceux de sa femme en ligne directe à l'infini, ni pour leurs parents et alliés collatéraux, jusqu'au degré de cousin issu de germain inclusivement, le tout à peine de nullité. »

3° La loi du 25 ventôse an XI (art. 8), défend aux notaires de recevoir des actes dans lesquels leurs parents ou alliés, en ligne directe à tous les degrés, et en ligne collatérale jusqu'au degré d'oncle ou de neveu inclusivement, seraient parties, ou qui contiendraient quelque disposition en leur faveur. « Deux notaires parents ou alliés au degré prohibé par l'article 8, ne pourront concourir au même acte. » Les parents, alliés soit du notaire, soit des parties contractantes au degré prohibé par l'article 8...., ne pourront être témoins », porte l'article 10 de la même loi.

Le Code civil est venu, dans l'article 975, ajouter à ces prohibitions que les alliés, jusqu'au quatrième degré inclusivement, d'un légataire ne peuvent être témoins.

4° La loi du 20 avril 1810 (art. 63), sur l'organisation de l'ordre judiciaire et l'administration de la justice, contient certaines prohibitions résultant de l'alliance : « Les parents et alliés jusqu'au degré d'oncle et de neveu inclusivement ne pourront être simultanément membres d'un même tribunal ou d'une même cour, soit comme juge, soit comme officier du ministère public... en cas d'alliance survenue depuis la nomination, celui qui l'a contractée ne pourra continuer ses fonctions sans obtenir une dispense. »

Toutes ces dispositions, on le comprend, ont été dictées par le législateur dans la crainte de complaisances qui naturellement n'auraient pas manqué d'exister, et dont l'effet eût été d'altérer la sincérité des actes et compromettre l'intérêt des familles. Aussi voyons-nous, lorsque cette crainte n'existe pas, la prohibition disparaître. C'est ainsi que dans les actes de l'état civil l'alliance ne fait point obstacle à la présence d'une personne comme témoin.

5° Dans les enquêtes relatives aux séparations de corps, la loi, contrairement à son principe posé dans les articles 268 et 283 du Code de procédure civile, admet par l'article 251 du Code civil, les alliés à déposer ; on en saisit facilement la raison, ce sont eux qui généralement sont les témoins des faits allégués par les parties pour motiver la séparation.

6° L'alliance peut motiver une récusation du juge, soit une demande en renvoi conformément aux articles 44, 368, 378 du Code de procédure civile.

En matière criminelle, correctionnelle et même de simple police, il n'y a de reproches fondés sur la parenté ou l'alliance qu'en ce qui concerne les parents ou alliés de l'accusé, du prévenu ou du contrevenant... et encore s'arrête-t-on aux beau-frère et belle-sœur. Quant aux parents ou alliés de la partie civile, lors même qu'il s'agirait de parents ou alliés en ligne directe, ils devraient être entendus par les juges.

L'on peut se demander si les effets de l'alliance survivent à la cause qui les produit, c'est-à-dire si toutes les dispositions dont nous venons de parler restent en vigueur après la dissolution du mariage. Nous croyons qu'il faut observer que la loi a pris soin de nous préciser les cas où la mort venant rompre le mariage ses effets disparaissent, ainsi qu'elle l'a fait dans l'article 206 du Code Civil et les articles 283, 310 du Code de Procédure ; que son intention a donc été de maintenir les effets de l'alliance même après la dissolution de la cause efficiente. D'ailleurs, dans nombre de cas, les raisons qui ont amené toutes ces dispositions législatives survivront même au mariage, on le comprend aisément,

§ II.

Nous venons de mettre la femme mariée en présence de la famille de son époux, et de déterminer sa condition juridique par rapport à eux : Nous allons maintenant la considérer comme épouse et déterminer quels devoirs la loi lui impose, quels droits elle lui accorde,

Le mariage fait naître pour chacun des époux des devoirs qui sont ou communs, ou particuliers.

Pothier, en son traité du contrat de mariage, résume ainsi les obligations de la femme :

« La femme, contracte envers son mari l'obligation de
« le suivre partout où il jugera à propos d'établir sa rési-

« dence ou sa demeure, pourvu néanmoins, que ce ne
« soit pas hors du royaume. Elle doit l'aimer, lui être sou-
« mise, lui obéir dans toutes les choses qui ne sont pas
« contraires à la loi de Dieu, et supporter ses défauts ;
« travailler de tout son pouvoir au bien commun du mé-
« nage. Enfin, elle est obligée envers son mari au devoir
« conjugal lorsqu'il le demande ; à n'avoir de commerce
« charnel avec un autre homme, contre la foi qu'elle a don-
« née à son mari, et à n'accorder aucune faveur de cette
« espèce [1]. »

L'idée que se faisait le grand jurisconsulte, du mariage,
des droits et devoirs les époux se retrouve entière dans le
Code, dans une série d'articles qu'il faut énoncer :

Article 212. — Les époux se doivent mutuellement fidélité, secours, assistance.

Article 213. — Le mari doit protection à sa femme, la
femme obéissance à son mari.

Article 214. — La femme est obligée d'habiter avec le
mari, et de le suivre partout où il juge à propos de résider ; le mari est obligé de la recevoir, et de lui fournir tout
ce qui est nécessaire pour les besoins de la vie, selon ses
facultés et son état.

De l'ensemble de ces textes, il se dégage différentes obligations pour la femme, qu'il nous faut expliquer :

Tout d'abord, remarquons que plus discrète que Pothier, la loi n'a pas cru devoir spécifier l'obligation que la
femme contractait envers son mari, d'accomplir le *debitum*

conjugale, alors qu'il le désirait : cette obligation existe en réalité, et nous croyons que le refus constant de s'y soumettre de la part d'un des époux, constitue une injure grave, pouvant entraîner la séparation de corps.

La femme, comme le mari, doit être fidèle et c'est bien dans le sens que Pothier signale qu'il faut comprendre cette disposition de la loi : l'oubli de ce devoir constitue l'adultère.

La loi en imposant l'obligation de fidélité aux deux époux, n'a pas, dans sa sanction, placé sur la même ligne l'infidélité du mari et celle de la femme ; elle a été bien rigoureuse dans un cas, et a fermé les yeux dans l'autre. C'est une injustice criante que l'on cherche en vain à justifier.

C'est au point de vue civil et au point de vue pénal qu'il faut considérer l'adultère pour se rendre compte de cette inégalité de la loi.

L'adultère de la femme, en quelque lieu qu'elle l'ait commis, est toujours puni ou du moins punissable. Il donne droit au mari d'invoquer contre elle la séparation de corps. La femme n'est admise à demander, pour la même cause, la séparation de corps contre son mari, que, lorsqu'il a tenu sa concubine dans la maison commune (art. 229, 230, 306). Cette première disposition, assez choquante du reste, les jurisconsultes l'ont étendue, et insistant sur les expressions employées par la loi elle-même, M. Demolombe [1] croit pouvoir tirer des textes mêmes les conséquences suivantes :

[1] M. Demolombe, t. IV, p. 471, 475, 480.

1° Pour qu'il y ait adultère de la part du mari, il faut une liaison, des faits d'infidélité accidentelle ne suffiraient pas.

2° Il faut de plus que la concubine demeure dans la maison conjugale, et l'on discute même pour savoir s'il n'y a pas lieu de distinguer le cas où la concubine a été introduite par la femme !

Où va-t-on avec de semblables théories ! Certes, si la finesse du raisonnement nous frappe, l'élasticité morale de cette doctrine nous froisse ! nous croyons que la loi n'a point été logique en faisant une semblable distinction ; et nous pensons qu'il n'est pas honnête de chercher à étendre cette erreur législative. La jurisprudence d'ailleurs réagit, et voit dans l'adultère du mari, sans distinguer le concours de circonstances qui l'accompagnent, une injure grave dont la femme peut s'autoriser pour obtenir la séparation de corps.

Voilà pour le côté civil. Sous le rapport pénal, la loi n'a pas seulement été illogique, mais encore injuste. Nous sommes de ceux qui considèrent l'adultère du mari comme aussi grave et aussi coupable que celui de la femme, et la disposition de la loi établissant deux peines pour une seule et même faute, constitue, à notre avis, une criante injustice.

La femme adultère est punie de trois mois à deux ans d'emprisonnement (art. 308 Cod. Civ., 337 Cod. Pén.)

Le mari coupable d'adultère est passible de 100 francs à 2,000 francs d'amende (art. 337 Cod. Pén.)

Et dire que de semblables dispositions ont pris place

dans notre législation ! dire qu'il s'est trouvé des auteurs pour les expliquer, les approuver !

Ecoutez les motifs vraiment stupéfiants qui ont été mis en jeu pour expliquer ces anomalies juridiques.

Jousse, en son Traité de Justice Criminelle, avait écrit que : « La femme ne peut intenter dans aucun cas l'action
« de l'adultère contre son mari, quand même il aurait chez
« lui une concubine, et *les lois civiles en laissent la vengeance*
« *à Dieu* ; mais elle peut seulement employer ce moyen,
« lorsqu'il est joint à de mauvais traitements, pour se faire
« séparer de lui de corps et de biens, et même pour le faire
« priver des avantages qu'elle lui a faits par contrat de
« mariage. »

Fournel disait également : « C'est un principe générale-
« ment reçu en France que l'accusation d'adultère est
« interdite à la femme, conformément à la loi 1, C. *ad le-*
« *gem Juliam de adulteriis*. La principale raison qu'en don-
« nent les jurisconsultes, c'est que l'incontinence du mari
« se consomme hors de la maison, qu'elle n'a pas, comme
« celle de la femme, l'inconvénient d'introduire des étran-
« gers au milieu des enfants légitimes, et que d'ailleurs ce
« serait fournir aux femmes le prétexte d'une multitude de
« réclamations scandaleuses [1]. »

Enfin Pothier écrivait : « Il n'appartient pas à la femme,
« qui est inférieure, d'avoir inspection sur la conduite de
« son mari, qui est son supérieur ; elle doit présumer

[1] Fournel, *Traité de l'adultère*, p. 13.

« qu'il lui est fidèle, et la jalousie ne doit pas la porter à
« faire des recherches de sa conduite [1]. »

Jolis arguments ! belles théories, en vérité ! Les défenseurs opiniâtres du libertinage des maris s'en servent encore aujourd'hui, mais avec plus de modération. On invoque surtout l'argument de Fournel : « *L'inconvénient qu'offre l'incontinence de la femme, d'introduire des étrangers au milieu des enfants légitimes !* » Mais que fait donc le mari, alors qu'il méconnaît ses devoirs ? De deux choses l'une, ou il introduit des étrangers parmi les enfants légitimes d'une autre famille, ou il procrée des bâtards, c'est-à-dire des individus que la société voit avec défaveur, puisqu'elle les frappe (injustement nous en convenons) de ses rigueurs les plus dures, faisant supporter à des innocents, la peine qui devrait frapper les coupables.

Le mari, dans l'un et l'autre cas, n'est-il pas aussi coupable que la femme adultère ?

Qu'on ne vienne pas dire que l'oubli de la foi jurée par le mari, n'entraînera pas forcément procréation d'un enfant, car nous répondrions qu'il peut en être de même pour la femme.

Nous en avons déjà trop dit sur cette question, il est peu probable que le législateur change du tout au tout ces principes, bien des gens en auraient trop à souffrir ! C'est la loi, nous nous inclinons, mais c'est bien ici le cas de dire avec Saint Grégoire de Naziance : « *Non laudo, non probo hanc legem, eam mares tulerunt, ideo feminas tantum sequitur*

---

[1] Pothier, *Contrat de mariage*, 6e part. ch. 3, n° 516.

et incessit », et de se souvenir de la satire de Juvénal:

« *Dat veniam corvis, vexat censura columbas.* »

A côté du devoir de fidélité, le législateur a immédiatement placé celui de secours et assistance, et il en a fait une
obligation commune. Comment faut-il entendre ces mots :
secours, assistance? Sous le premier, l'on comprend la
dette d'aliment et en général tout ce que comporte l'entretien de la personne ; la femme y a droit dans la proportion
des moyens et de la position de son mari. La sanction immédiate consiste en un paiement d'une pension alimentaire
dont le tribunal fixe le *quantum*. Subsidiairement, le refus
par le mari de nourrir et recevoir sa femme constitue une
injure grave qui peut motiver la séparation.

Sous le second, il faut voir un échange de soins personnels extérieurs, dont le refus constitue une injure grave.
Il est curieux de lire dans Pothier comment se doit interpréter le devoir d'assistance : « Ni l'épilepsie, dit-il, quel-
« ques violents qu'en soient les accès, ni aucune autre ma-
« ladie du mari, quoique contagieuse, ne peut être pour la
« femme une cause de séparation d'habitation ; elle-même
« est obligée de demeurer avec son mari dans cet état, de
« même que si pareille maladie était arrivée à la femme,
« son mari ne pourrait pas pour cela la renvoyer. Il en est
« de même d'une difformité, quelque grande qu'elle soit,
« qui serait survenue à l'un des conjoints, telle que celle
« que cause un cancer au visage qui est ouvert ; le mal vé-
« nérien. quoiqu'il y ait de forts soupçons que le mari se
« l'est attiré par ses débauches, peut encore moins servir
« de fondement à une demande en séparation, ce mal n'é-

« tant plus aujourd'hui un mal incurable, mais un mal
« que presque tous les chirurgiens savent guérir. La perte
« que le mari a faite de sa raison, quoiqu'il soit dans le
« cas d'être enfermé, n'est pas une cause de demande en
« séparation d'habitation ; la femme peut seulement, en
« ce cas, poursuivre l'interdiction du mari [1]. » Voilà bien
l'idéal que devrait réaliser la vie conjugale et nous parta-
geons les sentiments du grand jurisconsulte, disant avec
Ulpien : « *Quid tam humanum est quam ut fortuitis casibus*
« *mulieris maritum vel uxorem viri participem esse* [2]. » Mais
nous faisons une grande réserve en ce qui touche les mala-
dies contagieuses provenant des débauches de l'un des
époux ; nous croyons qu'il y aurait-là, injure grave au premier chef et motif à séparation de corps.

A côté de ces obligations, pour lesquelles la loi a établi
le principe de réciprocité, nous en trouvons de spéciales
édictées à la femme. Tout d'abord, c'est l'obéissance à son
mari, corollaire de la protection que la femme doit attendre
de ce dernier. « Cette obéissance de la femme est un hommage rendu au pouvoir qui la protége, et elle est une suite
nécessaire de la société conjugale qui ne pourrait subsister
si l'un des époux n'était subordonné à l'autre », dit justement M. Demolombe [3]. La loi ici, bien qu'on en dise, a été
raisonnable et juste, il suffit d'examiner séparément l'homme et la femme pour s'en convaincre. A l'un, la nature a

---

[1] Pothier, *Contrat de mariage*, part. 6, ch. 3 n⁰ˢ 514, 515.
[2] Ulpien, L. 11 Dig. salut. matri.
[3] Demolombe, t. 4, p. 132.

donné la force, à l'autre la grâce. Dans l'état de la nature, les forces de la femme sont insuffisantes pour la protéger ; dans l'état social, pour la faire vivre. Il était donc logique, que, créés pour former une société composée de deux personnes, la loi accordât à l'un le pouvoir, à l'autre des droits. C'est ce que retrace l'article 213.

Mais écoutons les socialistes protester :

« D'après la nature, l'homme et la femme sont égaux, « quoique dissemblables ; dans le mariage, ils se doivent « mutuellement protection, et aucun des deux ne doit « obéissance à l'autre.

« L'ordre vrai, l'harmonie ne procède dans toute société « que de la liberté et non de la contrainte.

« La puissance maritale est une des plus regrettables « traditions du vieux Droit civil autoritaire et monarchi- « que [1]. »

Voilà dans quels termes et avec quels arguments, M. Acollas attaque les dispositions de l'article 213. Tous ces arguments sont plus spécieux que juridiques. La liberté, l'équipollence des sexes, sont certes respectées par notre loi, et ceux qui l'attaquent en sont parfaitement convaincus. « Les lois sont les rapports nécessaires qui dérivent de la « nature des choses », a écrit Montesquieu [2]. Qui donc oserait nier que le rapport ici n'a pas été observé ! Et comment sortir de la situation difficile dans laquelle se trouverait le ménage si deux forces contraires, égales d'ailleurs se

[1] M. Acollas, *Manuel de Droit civil*, p. 222, t. 1er.
[2] Montesquieu, *Esprit des lois*.

trouvent en présence l'une de l'autre ? Dira-t-on que l'a-
mour, le raisonnement, la prudence guideront les époux !
c'est bien peu connaître le cœur humain dans ce cas ! l'a-
mour passe vite, le raisonnement et la prudence sont de
bien faibles moyens !

Nous disions, dans notre introduction, que l'on avait
attaqué le mariage indirectement, presque timidement d'a-
bord, n'avions-nous pas raison ? Ne voit-on pas qu'en sup-
primant l'article 213, ainsi que le demandent de nombreux
jurisconsultes et écrivains [1], l'on mine l'institution elle-même, et que de là à la théorie de M. Naquet il n'y a plus
qu'un pas à faire. Du jour où le mariage n'entraînera plus
pour la femme, l'obligation d'obéir à son mari, le mariage
libre sera fondé.

En second lieu, et pour ainsi dire comme conséquence
du principe contenu en l'article 213, le législateur a voulu
que la femme fût tenue de suivre son mari partout où il
juge à propos de résider. Pothier, nous l'avons vu plus
haut, allait jusqu'à dire que la femme devait suivre son
mari, même dans un lieu infecté de la peste. Le législateur
français est resté muet sur ce point, avec plus de sagesse
croyons-nous, il s'en est rapporté à la générosité du cœur
de la femme, sachant bien que le dévouement est sa principale qualité.

Il est curieux et intéressant de lire la discussion à la-

---

[1] Il faut se reporter au procès-verbal d'un comité d'étude ayant pour
but la refonte de la législation civile, pour voir les curieux détails de la
séance non moins curieuse du 25 juin 1866, sur la question de l'égalité
du mari et de la femme. M. Acollas, *Manuel de droit civil*, p. xci.

quelle la rédaction de l'article 214 donna lieu. Le projet du Code, article 2, chapitre 55, qui correspond à notre article, contenait la disposition suivante : « Si le mari voulait « quitter le sol de la République, il ne pourrait contrain- « dre sa femme à le suivre, si ce n'est dans le cas où il se- « rait chargé par le gouvernement d'une mission à l'étran- « ger exigeant résidence. »

« Regnault de Saint-Jean-d'Angely dit alors qu'un » Français peut être appelé dans les colonies pour ses af- » faires ; qu'alors il doit lui être permis de forcer sa femme » à le suivre, parcequ'il peut voir des inconvénients à la » laisser éloignée de lui. Le premier Consul pense que » l'obligation où est la femme de suivre son mari est géné- » rale, absolue. Emmery dit que cependant cette obligation » ne doit pas aller jusqu'à suivre le mari à l'étranger. » Regnault de Saint-Jean-d'Angely réplique que sans doute » le mari n'a pas le droit de faire de sa femme une étran- » gère, mais que cependant il ne doit pas être forcé de » s'en séparer lorsque ses affaires le conduisent hors du » territoire. Le premier Consul dit que l'obligation de la » femme ne doit recevoir aucune modification, et que la » femme est obligée de suivre son mari toutes les fois » qu'il s'éloigne[1]. » Ce fut sur ces observations qu'on supprima le paragraphe en question. Il est donc constant que l'épouse doit suivre son mari même à l'étranger. L'on admet en général deux exceptions à cette règle.

1° Si le mari n'offre pas à sa femme une habitation con-

---

[1] Locré, t. 4, p. 395.

venable, et dans ce cas, il faut comprendre celui où le mari n'aurait pas de résidence.

2° Si l'émigration est défendue par les lois politiques [1].

Au moment même où l'on établissait l'obligation pour la femme de suivre son mari, la question de la sanction qui devait la garantir fut posée.

« Réal ayant demandé au Conseil d'État comment on
» forcerait la femme à suivre son mari, lorsqu'elle n'y
» voudrait pas consentir, Regnault de Saint-Jean-d'Angely
» répondit que le mari lui ferait une sommation de le sui-
» vre, ainsi que l'usage l'avait consacré, et que, si elle
» persistait à s'y refuser, elle serait réputée l'avoir aban-
» donné. Réal répondit qu'il faudrait cependant un juge-
» ment; il demanda comment on parviendrait à l'exécuter.
» Le premier Consul dit que le mari cesserait de donner
» des aliments à sa femme. Tronchet fit observer que cette
» discussion était une anticipation sur la matière du divor-
» ce. Les Tribunaux avaient remarqué que l'abandon ap-
» pliqué au divorce serait le rétablissement de la cause
» d'incompatibilité d'humeur. Boulay dit que toutes ces
» difficultés devaient être abandonnées aux mœurs et aux
» circonstances [2]. »

La question restée pendante au début l'est encore aujourd'hui. De là deux systèmes que nous indiquons.

Premier système suivi et enseigné par Duranton, M. Duvergier.

[1] Demolombe, t. iv, p. 119.
[2] Locré, t. 4, p. 396.

L'emploi de la force pour réintégrer l'épouse au domicile conjugal qu'elle abandonne, est illégal, car l'article 2065, n'autorise l'emploi de la contrainte par corps que dans les cas déterminé par la loi.

C'est un moyen impuissant, car on ne peut pas tenir la femme enfermée, et libre elle quittera demain le domicile réintégré la veille.

Enfin c'est un scandale honteux de voir l'huissier et le gendarme trainer la femme au domicile de son mari.

Dans un second système soutenu par M. Valette, M. Demolombe, M. Marcadé et généralement admis par la jurisprudence, on dit que la femme peut être contrainte *manu militari*, à réintégrer le domicile conjugal.

Il ne s'agit pas, dit-on, pour soutenir ce système, de la voie de la contrainte par corps, mais seulement de l'emploi momentané de la force publique pour faire exécuter un ordre régulier de la justice. On ne supprime pas la liberté de la femme, mais on se contente de l'accompagner chez son mari.

Quant au scandale, il est peut-être moins à craindre qu'on le pense, c'est s'en exagérer la portée. D'ailleurs :

« N'est-ce pas déjà beaucoup que cette menace de la force
» publique pour forcer la femme à réintégrer le domicile
» conjugal ? Il y a dans cette seule possibilité de recourir à
» l'huissier et aux gendarmes une puissance préventive
» dont l'efficacité ne saurait être contestée. Et d'ailleurs,
» une femme ne peut-elle pas avoir cédé à un moment
» de colère, à l'obsession d'un tiers, à des influences per-
» verses ? La loi qui, avec l'appareil de la force publique

» vient l'arracher à ces influences et à ces obsessions, qui
» la rappelle à ses devoirs, à ses habitudes, à sa famille, ne
» peut-elle avoir une influence salutaire ? C'est au magis-
» trat à apprécier les circonstances et à ne faire de ce re-
» mède extrême qu'un usage intelligent et réservé ; mais il
» y aurait un grand danger à briser dans ses mains une ar-
» me qui agit alors même qu'on ne s'en sert pas, et par
» cela seul qu'on pourrait s'en servir [1]. »

A tous ces arguments, Marcadé a voulu en ajouter un
qui prit une forme plus juridique. « Dans le mariage, ce
» n'est plus seulement un fait personnel, c'est sa personne
» même que la femme m'a promise, pourquoi donc ne
» pourrais-je pas poursuivre par les voies légales, la pos-
» session de cette personne, objet direct du contrat ? Pour-
» quoi, pour y arriver, ne pourrais-je pas user même de
» la force publique, quand je n'ai plus que cette ressource,
» et qu'il y a lieu d'en espérer un bon résultat [2] ? »

Ce raisonnement nous touche peu, s'il est vrai de dire
que la femme s'engage par le lien du mariage, à mettre son
corps à la disposition du mari, il est inexact de dire qu'elle
engage son corps comme on engage une chose, et d'appliquer la théorie de l'obligation *ad præstandum* à la personne humaine.

Sous le bénéfice de cette observation, nous croyons devoir nous ranger au second système qui rentre mieux dans
l'esprit de la loi, en reconnaissant cependant tout ce qu'il

---

[1] Odilon-Barrot, *Encyclopédie du droit*, abandon d'époux, art. 2
[2] Marcadé, Cod. Nap., t. 1, par 315.

peut avoir de brutal, et d'attentatoire à la liberté humaine.

L'abandon du domicile conjugal par la femme, constitue une injure grave pour le mari ; il peut servir de motif à une demande en séparation de corps, cela était expressément contenu dans le projet des articles 229 et 230. Mais on a cru meilleur de laisser toute latitude aux tribunaux pour apprécier le caractère de l'abandon, et leur permettre de reconnaitre s'il ne cacherait pas un moyen détourné, entendu par les parties, pour amener une séparation d'un commun accord.

Il ne nous parait pas douteux que le mari ait le droit de refuser des secours alimentaires à la femme qui l'abandonne, si l'article 214 oblige le mari à lui fournir tout ce qui est nécessaire pour les besoins de la vie, ce n'est que comme conséquence de l'obligation imposée à la femme d'habiter avec lui ; si la femme manque à son obligation, elle ne peut demander à son mari de remplir la sienne.

Lorsque le mari décède sans laisser d'héritiers ascendants, descendants et collatéraux, la loi appelle la femme à sa succession (art. 767) sous certaines conditions toutefois, contenues dans les articles 769 et suivants.

Ce droit de l'époux survivant, a beaucoup varié avec les législations. Sous Justinien, la Novelle 117, chap. V., nous le savons déjà, attribuait à la femme non dotée, épousée *per solum affectum* et survivante à son époux, un droit à une certaine part de la succession.

Les provinces coutumières admirent le douaire, c'est-à-dire une sorte de provision accordée à la femme survivante.

« Sur les biens de son mari pour aliments, pour sa subsistance au cas qu'elle lui survive [1]. »

La Révolution affirma d'une manière logique et équitable ce droit ; et l'on trouve au code de la Convention les dispositions suivantes :

« L'époux survivant nécessiteux a droit à la jouissance de tout ou partie des biens de l'époux décédé.

» La quotité de cette jouissance est réglée par un conseil de famille dans la proportion des besoins de l'époux et de ceux des enfants.

» Si le défunt ne laisse aucun parent, ou si ceux qu'il a ne se présentent pas pour recueillir sa succession, le conjoint survivant pourra la recueillir et la transmettre à ses héritiers [2]. »

Le Code Napoléon a fait un pas en arrière, il n'a pas donné à la femme sur la succession de son mari un droit sérieux, puisqu'il la place à un degré si éloigné qu'il sera fort rare que l'hérédité l'atteigne. L'article 1094, il est vrai apporte une modification à cet état des choses. Il permet à l'époux, soit par contrat de mariage, soit pendant le mariage, pour le cas où il ne laisserait pas d'enfants, ni descendants, de disposer en faveur de l'autre époux, en propriété de tout ce dont il pourrait disposer en faveur d'un étranger, et en outre de l'usufruit de la totalité de la portion dont la loi prohibe la disposition au préjudice des héritiers. Et pour le cas ou l'époux donateur laisserait des en-

[1] Pothier, *Traité du douaire*, n° 1.
[2] Code de la Convention, art. 25, 26, liv. i, tit. iii, § 4, art. 76, liv. ii tit. iii § 4.

fants ou descendants, il l'autorise à donner à l'autre époux, ou un quart en propriété et un autre quart en usufruit, ou la moitié de tous ses biens en usufruit seulement.

Mais ce n'est là qu'une mesure insuffisante, on le comprend fort bien, la mort a pu surprendre l'époux avant qu'il n'ait fait de dispositions entre vifs, ou par testament au profit de sa femme. Et puis, tout le monde ne rédige pas un contrat de mariage. Or il peut parfaitement arriver qu'une femme, se trouvant durant son mariage dans une grande position de fortune, par suite du décès du mari auquel la fortune appartient, nous le supposons, se voit réduite à la plus cruelle misère tandis qu'un héritier collatéral s'enrichira, sans être tenu de donner aucun secours à la femme. Il y a là de la part du législateur une omission inqualifiable et inexcusable. Seul M. Troplong a cru y voir un encouragement par *a contrario*, à l'adoption de la communauté de biens dans le mariage, mais ce n'est pas, croyons-nous, une excuse suffisante.

On s'explique plus facilement cette erreur, en remontant à la discussion du projet du Code.

M. Malleville réclama contre l'article 767, et protesta au nom de la tradition des pays de Droit écrit ; M. Treilhard répondit : « Que par l'article 55 (du projet) on accordait au conjoint survivant l'usufruit du tiers des biens du conjoint prédécédé. » La discussion tomba, mais malheureusement on ne prit pas la peine de vérifier si l'article 55 contenait réellement semblable disposition, et il n'en était rien.

Ce fut donc une erreur de la part des législateurs, on doit la regretter, mais on doit plus vivement encore se plaindre de voir qu'elle n'a trouvé personne pour être réparée. Un pas, un seul encore bien minime a été fait depuis lors, nous le voyons dans la loi du 14-19 juillet 1866, sur les droits des héritiers et ayant-cause des auteurs, où nous lisons la disposition suivante : « Pendant cette période (50 ans), le conjoint survivant, quel que soit le régime matrimonial, et indépendamment des droits qui peuvent résulter en faveur de ce conjoint du régime de la communauté, a la simple jouissance des droits dont l'auteur prédécédé n'a pas disposé par acte entre-vifs ou par testament. Toutefois, si l'auteur laisse des héritiers à réserve, cette jouissance est réduite, au profit de ces héritiers, suivant les proportions et dispositions établies par les articles 912-918 du Code, cette jouissance n'a pas lieu lorsqu'il existe, au moment du décès, une séparation de corps prononcée contre le conjoint ; elle cesse au cas où le conjoint contracte un nouveau mariage, »

Ces dernières dispositions de la loi nous amènent à faire une autre observation sur l'article 767. Tous les auteurs sont d'avis que la séparation de corps prononcée contre un époux, fut-ce même pour cause d'adultère, n'entraîne pas déchéance de sa vocation à l'hérédité de l'autre conjoint. L'on s'appuie pour soutenir cette allégation sur le texte même de l'article. Ce dernier ne parle en effet que du divorce, comme pouvant amener semblable déchéance.

L'argumentation *a simili* aurait, il nous semble, plus de raison d'être, et nous considérons celle *a contrario*, comme tout-à-fait opposée au principe sur lequel repose la succession *ab intestat*, c'est-à-dire la volonté présumée du *de cujus*.

C'était d'ailleurs la doctrine de l'ancien Droit, elle avait la logique pour elle [1].

Comme raison juridique à l'appui de l'argument *a contrario*, l'on donne la suivante : "l'époux survivant tient son droit de son propre titre d'époux, or même après la séparation de corps son titre lui reste.

L'enfant conçu pendant le mariage a pour père le mari. Voilà le principe posé par l'article 212, dont l'origine remonte au Droit Romain, qui le consacrait dans la maxime :

« *Pater is est quem nuptiæ demonstrant.* »

De là, découle un droit pour la femme, celui d'obliger son mari à donner son nom à tout enfant qu'elle mettra au jour. Mais la loi devait être logique, et faire concorder son principe avec les règles de la nature. C'est ce qui explique les dispositions des articles 312 et suivants, tout à la fois favorables ou défavorables à la femme, selon les cas.

Le mari est tellement tenu de cette obligation, que l'impuissance naturelle et l'adultère constaté, ne lui donneraient pas le droit d'intenter l'action en désaveu. Pour qu'il puisse faire tomber la présomption de paternité qui pèse sur lui, il faut qu'il remplisse les conditions que la loi impose, et qu'il se trouve dans un concours de circonstances prévues.

C'est qu'en effet il eut été dangereux d'accorder au mari, le droit de contester la légitimité des enfants conçus par sa

[1] Pothier, Int. t. xvii de la Coutume d'Orléans, n° 35.

femme, outre que c'était donner le champ à des procès aussi scandaleux qu'inextricables, c'eut été encore porter une atteinte directe au mariage, et jeter un levain de corruption dans la société.

Nous devons encore ici signaler certaines conséquences se rattachant particulièrement au principe de l'*individua consuetudo*, c'est-à-dire de la confusion des intérêts et de l'existence.

Ainsi ; 1° lorsque le mari est incapable de recevoir de telle ou telle personne par donation entre-vifs ou testamentaire, la femme participe à l'incapacité de son mari ; si elle recevait pareille libéralité, cette libéralité serait nulle, comme faite à personne interposée (art. 911 2°).

2° Lorsque le mari est un comptable public, le privilége du trésor frappe aussi sur les immeubles acquis à titre onéreux, postérieurement à sa nomination, par la femme séparée de biens, à moins qu'il ne soit légalement justifié que l'acquisition a été faite avec des deniers propres à celle-ci (loi du 5 septembre 1807, art. 4)

3° Le mari est civilement responsable de diverses infractions à la loi pénale commises par sa femme : ainsi des délits et contraventions en matière forestière, des délits en matière de pêche, et des contraventions en matière de police rurale. Cette responsabilité est fondée sur ce que le produit de ces délits et contraventions profite aux deux époux et sur la probabilité que le mari en a eu connaissance et joue le rôle de receleur, étant fort difficile à la femme de les lui cacher (Cod. Forestier. art. 206 ; Cod. de la Pêche, art. 74 ; lois des 28 septembre, 6 octobre 1791, sur la police rurale, tit. 2, art. 7).

4° Les époux ne sont point admis à témoigner, soit en justice civile, soit en justice criminelle, l'un en faveur de l'autre, ni l'un contre l'autre (Cod. de Procédure civile, art. 268 ; Code d'instruction criminelle, art. 156, 189, 322).

5° Il n'y a point de vol entre époux, quel que soit le régime sous lequel ils sont mariés : La soustraction frauduleuse ne donne lieu alors qu'à des réparations civiles, mais il n'y a point de répression pénale (Cod. Pénal, art. 380).

6° De même, alors que la contrainte par corps était admise, elle ne pouvait être prononcée contre un époux au profit de l'autre (art. 19, loi du 17 avril 1832).

7° La violence est une cause de nullité d'un contrat, non-seulement lorsqu'elle a été exercée sur la partie contractante, mais encore sur son époux ou son épouse (art. 1113 Cod. Civ.)

Pour terminer nos recherches sur la condition faite à la femme par notre loi, alors qu'on la considère par rapport à son époux, nous devons nous demander, s'il n'existe pas des circonstances qui vont pouvoir, durant le mariage, étendre les droits de la femme, diminuer ses devoirs et obligations, et si enfin le mariage rompu, elle va se trouver entièrement libre.

Divers incidents peuvent se produire pendant le mariage :

1° L'un des époux peut subir certaines condamnations qui vont diminuer sa liberté naturelle, et relâcher les liens du mariage.

2° La séparation de corps a pu être prononcée.

3° L'un des époux est absent.

4° Le mari ou la femme est interdit.

Examinons chacun de ces cas.

I. *Condamnations*

Trois espèces de condamnations peuvent être prononcées pendant le mariage contre l'un des époux ;

A savoir : la condamnation à une peine afflictive et infamante ou simplement infamante, ce sera la sanction d'un crime.

La condamnation à une peine correctionnelle par suite d'un délit.

Enfin la condamnation à une peine de simple police, pour contravention.

Les peines afflictives et infamantes sont : la peine de mort, les travaux forcés à perpétuité, la déportation, les travaux forcés à temps, la détention, la réclusion, Les peines simplement infamantes, sont le bannissement et la dégradation civique.

La peine de mort suivie d'exécution amène tout naturellement la dissolution du mariage.

Avant la loi du 21 mai 1854, la peine de mort, ainsi

que la condamnation aux travaux forcés à perpétuité entraî-
naient la mort civile, et comme conséquence la dissolution
du mariage : si la condamnation était contradictoire, l'effet
se produisait du jour de l'exécution réelle ou par effigie ; si
elle était prononcée par contumace, cinq ans seulement
après l'exécution par effigie.

La mort civile, abolie par la loi du 31 mai 1854, a désormais fait cesser cet état de choses. Est-ce un progrès ?
Oui, sans doute, puisqu'il affirme le principe de l'indissolubilité du mariage, et qu'il laisse espérer que, le pardon
de la faute, accordé peut-être un jour, permettra aux époux
de se réunir et de reprendre la vie commune. Mais hélas !
ne faut-il pas le dire aussi, c'est là condamner l'époux non
coupable à une vie pleine de chagrins ; c'est surtout pour
la femme que cette condition est bien dure. Elle porte le
nom d'un époux déshonoré; pour en changer, il lui faut attendre que la mort naturelle vienne rompre son union, dont
la société a fait cesser tous les effets.

Si le divorce était admis, nous croyons qu'il y aurait par
lui moyen de remédier à cet effet désastreux de la loi. L'é-
poux resté libre s'en autoriserait pour faire cesser son
union qui n'a plus rien que de fictif, et reprendre une
existence plus normale.

Le divorce est aboli, fort heureusement disent nombre
de jurisconsultes ! malheureusement, dirons-nous !·

Donc, toutes les peines afflictives et infamantes laissent
subsister le mariage, lors même qu'elles sont perpétuelles.
Elles le modifient toutefois, non pas seulement en fait et au
point de vue de la cohabitation, mais en droit, au point de

vue de la capacité. L'autorité maritale, comme nous le dirons plus loin, sera la première atteinte.

Les peines correctionnelles sont : 1° l'emprisonnement à temps dans une maison de correction ; 2° l'interdiction à temps de certains droits civiques, civils et de famille ; 3° l'amende.

Le mariage ne souffre en rien de ces condamnations, il subsiste et ce n'est que momentanément que certains de ses effets vont être suspendus, les peines correctionnelles n'étant jamais perpétuelles.

Le législateur n'a pas compris qu'il pouvait advenir que telle peine correctionnelle rendit désormais la vie commune impossible. C'est ce qui explique que dans l'article 232 du Code Civil, il n'a pas fait entrer ces condamnations, le résultat en est bizarre.

La femme d'un maire qui s'est immiscé dans l'exercice du pouvoir législatif, peut demander la séparation de corps si ce dernier a été condamné à la dégradation civique (art. 130 Cod. Pénal).

La femme d'un voleur condamné comme tel, ne saurait avoir pareil droit.

Quant aux peines de simple police, qui sont l'emprisonnement et l'amende, elles n'influent en rien sur le mariage. L'article 1424 nous indique leur effet au point de vue des biens.

II. *Séparation de corps.*

Il n'y a pas d'union si bien assortie qui ne soit troublée quelquefois par des querelles ou des griefs passagers, il y a malheureusement beaucoup de mariages où la discorde est sans cesse à l'ordre du jour et finit souvent par rendre la vie commune tout-à-fait intolérable pour l'un comme pour l'autre des époux. En ce cas, quelle mesure va prendre le législateur ?

C'est une chose curieuse que d'observer les incertitudes de notre législation sur cette grave question, qui est encore bien débattue de nos jours.

La séparation d'habitation dans notre Droit ancien était seule permise.

Le divorce, inconnu dans l'ancienne législation française profondément monarchique et catholique, fut introduit chez nous par la loi du 20 septembre 1792. Cette même loi supprimait la séparation de corps, que l'Eglise admettait comme palliatif à l'indissolubilité de l'union conjugale.

Le Code Civil laissa subsister le divorce qu'il régla, puis comme transaction permit à côté la séparation de corps. que l'on désigna sous le nom de divorce des catholiques.

La loi de 1816, produit de la réaction monarchique et catholique qui caractérisa toute l'époque de la Restauration, supprima le divorce pour ne plus laisser subsister que la séparation de corps.

Il n'entre pas dans notre travail d'examiner laquelle de ces législations fut la plus sage, mais nous croyons pouvoir dire que ce ne fut pas la dernière. La séparation de corps qui laisse subsister le mariage en en relâchant simplement les liens, est certes la transaction la plus immorale que l'on pouvait imaginer !

L'article 306 du Code Civil a pris la peine de délimiter les cas dans lesquels on peut demander la séparation.

Ce sont : 1° En cas d'adultère ;

2° En cas de sévices et injures graves ;

3° Enfin en cas de condamnation à une peine infamante.

Nous savons ce que la loi entend par l'adultère, et nous nous souvenons de la distinction choquante par elle faite sur ce sujet entre l'homme et la femme. D'autre part, nous venons de voir ce qu'il fallait entendre par la peine infamante : nous laisserons donc de côté ces deux cas.

Que faut-il entendre par les mots : sévices ou injures graves ?

Il est certain qu'on ne saurait donner une définition exacte rentrant dans la pensée du législateur. Les tribunaux sont appréciateurs souverains des faits qu'ils servent à désigner.

Judiciairement prononcée, la séparation de corps produit de graves effets :

La vie commune est interrompue, la femme se choisit un domicile qui n'est pas celui du mari.

La puissance paternelle, ainsi que nous le dirons tout à l'heure, subit de sensibles modifications.

La présomption de paternité fléchit désormais à l'égard de l'enfant dont la femme accoucherait trois cents jours après l'ordonnance dont parle l'article 878 Code de Procédure, et moins de cent quatre-vingts jours depuis le rejet définitif de la demande ou depuis la réconcilation. Ce n'est pas tout, nous savons que la femme adultère, en cas de séparation, est punie plus sévèrement que l'homme. Elle peut être mise en prison dans une maison de correction pendant trois mois et deux ans au plus ; au reste, le mari est le maître d'arrêter l'effet de cette condamnation en consentant à reprendre sa femme.

Voilà pour les personnes. Quant aux biens, la séparation de corps les affecte aussi ; d'abord et à titre de peine, l'époux contre lequel la séparation de corps est prononcée perd le bénéfice des avantages matrimoniaux qui lui sont faits par son contrat de mariage. Puis, le régime matrimonial change. La femme reprend l'administration de sa fortune, car la séparation de corps entraîne forcément la séparation de biens.

La loi n'a pas admis le consentement mutuel des époux pour arriver à une séparation de corps. Elle fit bien, car c'était donner champ à des séparations sans motif.

La séparation et ses effets peuvent toujours cesser à la volonté des époux ; il suffit qu'ils se rapprochent et rétablissent la cohabitation un moment interrompue. On a fait de cette possibilité du rapprochement des époux en désaccord, le plus gros argument en faveur du système admis par nos lois sur la dissolution du mariage alors que les époux existent. Nous en voyons bien toute la portée. Mais qu'il nous soit permis de le dire, le législateur s'est laissé aller à un rêve qui rarement se réalise.

La pratique nous donne malheureusement trop raison ; elle nous montre d'abord bien peu de ménages qui, après s'être rendus devant la justice pour vider leurs différends, se soient réunis, et souvent elle nous apprend que ces mêmes époux qui un instant semblaient avoir oublié leurs griefs réciproques, n'en reviennent qu'avec plus d'animosité devant le tribunal pour réclamer de lui une nouvelle séparation. C'est qu'en effet le cœur humain n'est pas toujours porté à la charité, savoir oublier des torts est une vertu et bien peu de gens la possèdent.

Il nous suffit, croyons-nous, d'avoir brièvement exposé le système de la séparation de corps, ses causes et ses effets pour que semblable institution soit jugée, condamnée.

L'écho des scandales qu'elle produit frappe tous les jours nos oreilles, et le monde juridique, en ce moment même, s'émeut encore d'un procès des plus honteux que les annales judiciaires comportent.

III. *Absence.*

Quand une personne disparaît sans avoir laissé de procureur fondé, et qu'elle ne donne point de ses nouvelles, la loi autorise toutes les parties intéressées à se pourvoir devant les tribunaux et à requérir qu'il soit pris des mesures nécessaires à la conservation et à l'administration de sa fortune ; puis, lorsqu'il s'est écoulé quatre ans, soit du jour de la disparition, soit du jour des dernières nouvelles, les parties intéressées peuvent alors se pourvoir de nouveau afin que l'absence soit déclarée.

Au nombre des parties intéressées, et l'une des premières assurément, c'est le conjoint. Nous supposerons tour à tour le mari et la femme absents.

Le jugement déclaratif d'absence produit des effets divers selon que celui des deux conjoints qui est absent se trouve être le mari ou la femme.

Si c'est le mari, la femme présente a la faculté d'opter pour la continuation provisoire de la communauté, ce qui n'entraîne pas contre elle la déchéance du droit d'y renoncer plus tard.

Si c'est la femme, le mari présent a sans doute la faculté d'opter pour la continuation provisoire de la communauté ; mais il n'y peut renoncer ultérieurement.

Cette option a pour conséquence d'empêcher les ayants droit du conjoint absent de se faire envoyer en possession provisoire, et d'arrêter l'exercice de tous les droits subordonnés au décès de l'absent ; mais au bout de trente ans, depuis l'époque où le conjoint présent a pris l'administration provisoire, ou lorsqu'il s'est écoulé cent ans depuis la naissance de l'absent, il est permis aux ayants-droit de provoquer le partage des biens de l'absent et de se faire envoyer en possession définitive.

Nous dirons plus tard qu'elle était l'influence de l'absence sur les droits de la femme mariée envisagée comme mère. Un mot seulement sur ce qui concerne le mariage.

A cet égard, quel que soit le temps pendant lequel l'absence se prolonge, elle n'a aucun effet relativement au mariage des époux ; il subsiste toujours, l'absent eût-il atteint sa centième année ; le conjoint présent ne pourra convoler en secondes noces qu'à la condition de justifier du décès de l'absent. Cependant, si nonobstant la prohibition de la loi, ou si, grâce à un acte de décès dressé sur des renseignements dont l'exactitude serait plus tard contestée, le conjoint présent avait contracté un second mariage, la loi ne permettrait qu'à l'absent ou à son fondé de pouvoirs, muni de la preuve de son existence, d'attaquer le second mariage. Pourquoi, en effet, en prononcerait-on la nullité quand cette nullité est douteuse, et que peut-être l'absent était réellement décédé au moment où il a été contracté ? Toutefois nous croyons que si l'absent reparaisssait et revenait auprès de sa femme, de manière que son existence ne fût douteuse pour personne, l'action en nullité appartiendrait alors, concurremment à l'absent de retour, aux deux époux, au ministère public et à toutes parties ayant un intérêt né et actuel conformément à l'article 184.

IV. *Interdiction*

Le mari peut provoquer l'interdiction de sa femme lorsqu'elle est dans un état habituel d'imbécilité, de démence ou de fureur, même lorsque cet état présenterait des intervalles lucides, et réciproquement. Lorsque le conseil de famille se réunira pour donner son avis sur l'état de l'époux qu'il s'agit de faire interdire, le conjoint qui aura provoqué l'interdiction aura le droit d'être admis dans le conseil de famille... (qui mieux que lui peut donner des renseignements et des éclaircissements ?), mais sans avoir voix délibérative.

Lorsque l'interdiction aura été prononcée, le mari sera tuteur de plein droit de sa femme interdite....; c'est là une conséquence de la protection à laquelle la loi l'oblige. Si c'est le mari qui est interdit, la femme ne sera point tutrice légale....; mais la tutelle pourra lui être déférée par le conseil de famille.

En ce cas, le conseil de famille règlera la forme et les conditions de l'administration, sauf le recours devant les tribunaux de la part de la femme qui se croirait lésée par l'arrêté de la famille, et qui viendrait soutenir par exemple que les sommes qui lui sont allouées pour son entretien personnel et pour l'éducation de ses enfants, ne sont ni convenables, ni même suffisantes. Sans doute « les revenus d'un interdit doivent être essentiellement employés à adoucir son sort et à accélérer sa guérison », cependant il faut aussi songer à la femme et aux enfants, et, dans le cas où le placement de l'interdit dans une maison de santé serait trop dispendieux, eu égard à sa fortune et à la part qu'il faut faire aux besoins du reste de la famille, la femme pourrait certainement demander à la justice de rapporter la délibération du conseil de famille, et de décider que l'interdit sera traité soit dans un autre établissement, soit même à domicile (510).

Quand ce sera la femme dont l'interdiction aura été prononcée, le mari, en qualité de tuteur, conservera l'administration qu'il avait déjà (sauf le cas de séparation de biens) en qualité de mari; mais si c'est le mari qui a été interdit et que la femme ne soit pas tutrice, les biens du mari et de la femme seront alors administrés par le tuteur du mari... Peut-être eût-il été sage d'autoriser la femme à demander que le jugement qui prononcerait l'interdiction de son mari lui permît de prendre l'administration de ses biens, sauf à en verser les fruits et revenus dans la communauté. Quels sont en effet les titres du tuteur de l'interdit pour prendre l'administration des biens de la femme ? La dépendance de celle-ci vis-à-vis de lui est nulle d'après la loi et la nature. L'affection ? Elle n'est pas toujours très forte entre la femme et la famille de son mari ; et si c'était la femme qui eût provoqué l'interdiction, au lieu d'affection, ce serait probablement de la haine et de la rancune qu'on aurait contractées ; mais le tuteur offrira des garanties ? Peut-être! Oui, s'il a des immeubles ; sinon, non.

Quoique la tutelle qui résulte de l'interdiction soit, en principe, d'une durée indéterminée et qu'elle puisse ainsi se prolonger fort longtemps, cependant, quand elle a été déférée aux époux, ceux-ci sont tenus de la conserver jusqu'au décès de l'interdit ou jusqu'au jugement de mainlevée de l'interdiction, « car ils se doivent mutuellement secours et assistance ».

Nous ne nous sommes occupé jusqu'ici que de l'interdiction pour cause d'état habituel de démence, d'imbécilité ou de fureur... Il y a une autre espèce d'interdiction dont nous avons déjà dit un mot : c'est l'interdiction légale résultant de la condamnation à la déportation et à la réclusion. Elle dure autant que la peine et finit de plein droit avec elle, sans qu'il soit besoin d'un jugement ou d'un arrêt pour l'anéantir : « Les biens du condamné lui sont alors remis, et le tuteur lui rend compte de son administration. » (C. P., art. 50).

Quand l'un des époux est condamné à l'une des peines que nous venons d'indiquer, si c'est le mari, il n'y a rien de changé au droit commun, et la femme ne sera tutrice qu'autant qu'elle aura été nommée par le conseil de famille ; si c'est la femme, le mari, par exception à l'article 506, ne sera plus tuteur de plein droit ; il ne le sera qu'à la condition que la tutelle lui aura été expressément déférée par le conseil de famille. Ceci résulte des termes précis de l'article 29 du Code pénal, qui porte : « Qu'il sera nommé un tuteur et un subrogé tuteur pour gérer et administrer les biens de l'interdit » nommé..... et la loi ne fait plus d'exception ici comme dans l'article 506 du Code civil en faveur du mari.

L'interdiction légale étant, non pas comme l'interdiction judiciaire, une mesure protectrice, mais une mesure pénale, l'article 51 du Code pénal décide que pendant la durée de la condamnation il ne doit être remis au condamné aucune somme, aucune portion de ses redevances ; tous les revenus seront donc versés en communauté ou mis de côté pour tout ou partie, selon les conventions matrimoniales adoptées par les époux.

La mort du mari rend à la femme sa liberté. Les obligations qui naissaient du mariage, en ce qui touche le mari, ont pris fin. La puissance maritale a disparu. Il n'y a plus de maison commune, il n'y a plus de domicile conjugal, la femme réside là où elle le désire.

L'obligation de fidélité cesse. L'époux va pouvoir convoler à de nouvelles noces; si c'est le mari, immédiatement, si c'est la femme, après le délai de dix mois (art. 228 C. civ).

Pour soutenir cette dernière disposition de la loi, on a dit que le législateur voulait d'abord éviter la confusion de part, puis en outre éviter le scandale qui résulterait de l'union trop précipitée de la femme après le décès de son mari.

Le premier seul de ces arguments est sérieux ; quant au second, il ne se tient pas debout un seul instant. Pourquoi donc, si le législateur considère comme un scandale le mariage trop précipité d'une veuve, pourquoi, disons-nous, ne voit-il pas le même scandale dans l'union d'un veuf en semblable condition ?

La confusion de part, croyons-nous, est plus à craindre, mais là encore le législateur a commis une injustice.

Il n'est pas sensé de supposer que toutes les femmes soient enceintes au moment du décès de leur mari. Et puis, quand même elles le seraient, ce n'était pas une raison pour fixer un délai unique. Une femme peut accoucher un mois, deux mois et même moins après la mort d'un époux.

Pourquoi donc, s'il est certain qu'il n'y aura pas confusion de sang, obliger la femme à attendre dix mois ?

Mais, objecte-t-on, comment une femme qui devient

veuve, prouvera-t-elle qu'elle n'est pas en état de grossesse ? L'objection est un peu naïve, croyons-nous. La nature souvent se chargera elle-même de faire cette preuve, et, à son défaut, la science lui viendra en aide. Que l'on ouvre un traité de médecine légale, et l'on y verra combien il est facile de dire si une femme est ou n'est pas enceinte, si elle a ou non mis un enfant au monde dans un temps quelconque.

Mais à l'instant tout le monde s'écrie au scandale ! Faire intervenir ainsi la médecine pour vider de semblables questions, c'est chose inadmissible ! Eh ! pourquoi donc ? N'avons-nous pas déjà dans la loi des exemples assez nombreux de pareils agissements ? Comment donc arrive-t-on à établir les présomptions de paternité qui motivent ou empêchent le désaveu ? A qui a-t-on recours pour faire application de l'article 340 ? Qui donc sert à éclairer la justice lorsqu'elle est appelée à décider sur une question de viol, d'avortement, d'infanticide, etc., etc. ? N'est-ce pas la médecine légale qui résout toutes ces questions ? Pourquoi donc, dans notre espèce, refuser son assistance, et qui peut voir là un scandale ! La question de la liberté, croyons-nous, l'emporte avant tout.

CHAPITRE III

Condition de la femme considérée dans ses rapports avec ses enfants

Le législateur a fait à la femme une condition inférieure à celle de l'homme, en ce qui concerne les rapports des père et mère avec leurs enfants. Suivant, là encore, l'idée première que l'on retrouve dans toute son œuvre, à savoir, que le rôle de l'homme est de commander et celui de la femme d'obéir, nous le voyons confier au mari la puissance paternelle, et donner à la femme, tant que le chef est présent, un simple droit de conseil qui peut être suivi, mais qui ne saurait s'imposer. Ce n'est qu'après le mari, et pour ainsi dire subsidiairement, que la loi remettra à la mère le fardeau de la puissance paternelle ; quel sentiment a présidé à la rédaction de semblables dispositions ? Il est double. Tantôt se souvenant que la femme est facile à se laisser entraîner à ses impressions premières sans en calculer la portée, nous voyons la défiance édicter des règles parfois en faveur de la femme elle-même, mais qui lui sont le plus souvent hostiles ; tantôt, considérant l'ignorance des affaires dans laquelle la généralité des femmes se trouvent par suite de leur éducation, le législateur lui retire certaines capacités.

Pour nous convaincre de cette vérité, il nous suffit de parcourir rapidement le Code et de suite se déroule une série d'articles que nous grouperons dans les trois paragraphes suivants :

1° Le mariage subsistant, le mari est présent et a l'exercice de la puissance paternelle.

2° Le mariage subsiste, mais le mari n'a pas l'exercice de la puissance paternelle.

3° Le mariage est rompu.

Tout ce que nous allons dire étant d'ordre public, il faut dès à présent remarquer qu'aucune convention, même par contrat de mariage, ne pourrait modifier la prescription de la loi. C'est ce qui est formellement écrit en l'article 1388 et découle de l'article 1133.

§ I.

Lorsque le mariage existe, la loi confie au père le soin de nourrir, entretenir et élever ses enfants. C'est lui qui doit travailler pour soutenir la famille dont il est le chef. Mais il eut été très injuste, on le comprend facilement, de mettre à la charge du mari seulement cette obligation.

D'après notre législation, on le verra bientôt, l'union de l'homme et de la femme par le mariage n'entraîne pas forcément communauté de biens comme elle amène communauté de vie ; les époux peuvent, sous ce rapport, prendre telles dispositions, qu'il en résultera au contraire séparation des patrimoines. Or, dans ce cas, la femme devra contribuer d'après ses propres moyens à l'entretien du ménage dont une des charges premières est d'élever les enfants. C'est ce que nous dit en effet l'article 203 : « Les « époux contractent ensemble, par le fait seul du mariage, « l'obligation de nourrir, entretenir et élever leurs en- « fants. »

En imposant à la femme cette obligation de contribuer à l'entretien et à l'alimentation des enfants, la loi ne lui a pas permis de partager avec son mari le droit de diriger leur éducation. Seul le père reste maître de guider ses enfants vers telle ou telle carrière, il est même seul juge de leur conscience pour ainsi dire, puisqu'il peut seul leur choisir une religion.

Les attributs de la puissance paternelle comprennent :

1° Le droit de garde (art. 374).

2° Le droit de correction (art. 384 et suivants).

3° Le droit d'administration légale et comme conséquence de jouissance légale.

4° Le droit de consentement ou de conseil pour le mariage, pour l'adoption et pour la tutelle officieuse de l'enfant.

5° Le droit de tutelle légale.

6° Le droit d'adoption.

7° Le droit d'accepter les donations faites entre vifs à l'enfant.

8° Enfin le droit accordé au dernier mourant des père

et mère de choisir un tuteur testamentaire à ses enfants mineurs.

Recherchons donc quelle part va prendre la femme durant le mariage à l'exercice de cette puissance paternelle par le mari.

En ce qui concerne le droit de garde, le droit de correction, et l'administration légale, la femme sera réduite à un rôle passif. Le père est maître absolu d'élever ses enfants ainsi qu'il le juge convenable, il peut les châtier (dans les limites de la loi bien entendu) sans aucun contrôle, il administre leurs biens sous sa propre responsabilité.

Cependant, il faut admettre qu'au cas où, mésusant de sa puissance, le mari, ferait élever ses enfants dans des conditions indignes, serait envers eux d'une brutalité honteuse, et dissiperait leur fortune personnelle, la mère s'adressant à la justice pourrait obtenir la répression de semblables scandales, et qu'elle trouverait dans la loi même le moyen de les faire cesser.

Lorsqu'il s'agit du mariage d'un enfant, soit fille, soit garçon, le consentement du chef de famille, nous le savons est nécessaire, mais la loi a fait ici une singulière application de son principe porté en l'article 371. Elle exige que la mère soit consultée, et donne son avis, mais s'il y a dissentiment entre le père et elle, l'opinion de cette dernière ne signifie plus rien. On a essayé de justifier l'étrange correctif que porte l'article 148 *in fine*, en disant que l'officier de l'État civil ne doit pas procéder à la célébration du mariage, tant qu'on ne lui présente pas la preuve que la mère a été consultée, mais ce moyen ingénieux de donner un sens quand même à la loi, tombe aisément. Il est impossible d'admettre qu'une idée semblable ait été visée par le législateur, puisque le mariage aura toujours lieu que la mère consente ou non. Juridiquement parlant son refus ou son acquiescement sont placés sur la même ligne. Au fond le père seul consent, la mère n'a qu'une influence morale. Il eut été plus logique de le dire franchement, cela s'expliquait fort bien avec la puissance maritale et la puissance paternelle, comme le Code les comprend.

En matière d'adoption la femme recouvre une certaine indépendance, et même une certaine liberté d'agir.

Un mariage peut avoir été stérile ; les jouissances de la paternité constituant un des principaux buts que l'on recherche dans l'union des sexes, pour remédier à cette privation, la loi créa une sorte de paternité fictive dont la réglementation a été soigneusement prévue. Il était injuste d'autoriser un homme dont l'union avait été malheureuse au point de vue de la génération, à se donner un héritier en adoptant un tiers. Les conséquences si graves de ce fait devant rejaillir sur l'autre conjoint, il était naturel au contraire que celui-ci fût consulté, et qu'en cas de refus, sa volonté restât maîtresse. Aussi voyons-nous l'article 364 déclarer, que hors un seul cas, prévu par l'article 366, nul époux ne peut adopter qu'avec le consentement de l'autre conjoint.

De même l'article 362, dit : « Un époux ne peut deve-
» nir tuteur officieux qu'avec le consentement de l'autre
» conjoint. »

C'était logique, puisque la tutelle officieuse permet d'arriver à l'adoption par des voies plus rapides.

Voilà bien le cas où il s'agit d'introduire dans un ménage un enfant qui en aura le titre, les droits et avantages. Mais quel rôle va jouer la mère, quand il s'agira de conférer l'adoption à un de ses enfants? Nous croyons qu'il faut ici appliquer toutes les dispositions de détails relatives au mariage, mais que le refus de la mère arrête l'effet de l'adoption projetée, et ne peut être levée que par sommation respectueuse.

Enfin, lorsque pendant le mariage, une donation, un legs, seront faits à un mineur, le père administrateur légal de la fortune de son enfant, aura le droit aux termes de l'article 935, d'accepter pour lui. Mais il pourrait advenir que pour un motif plus ou moins raisonnable, il ne le fît pas ou ne voulût pas le faire. L'intérêt de l'enfant court le risque d'être ainsi compromis ; la loi alors donne à la mère le moyen de paralyser le mauvais vouloir du père, et la fin de l'article 935 nous apprend qu'elle pourra accepter pour son enfant. Les deux volontés seront ici en opposition.

Quelques contradictions se sont élevées contre cette vérité ; on a prétendu qu'une femme ayant son mari ne pouvait accepter qu'avec l'autorisation de celui-ci la donation faite à son enfant, par la raison que la personne qui est incapable de contracter pour elle même, est incapable de contracter pour autrui : Cet argument tombe de lui-même devant l'article 1990. La femme mariée peut très bien, sans l'autorisation de son mari, être constituée mandataire et faire tous actes quelconques en cette qualité. Or l'article 935, confère aux ascendants un mandat légal à l'effet d'accepter les donations faites à leurs descendants. C'est ainsi qu'en a décidé un arrêt de rejet, du 12 avril 1832 [1].

La puissance paternelle en donnant au mari le droit d'administrer les biens de ses enfants, lui confère la jouissance légale de ces mêmes biens jusqu'à une certaine époque ; seul le mari doit en profiter. Comme conséquence immédiate de ce principe, il faut dire, que si pour une cause quelconque, le père se trouvait privé de cette jouissance, (par exemple une succession dont il se trouve exclu par suite d'indignité étant recueillie par son enfant), la femme ne pourrait pas se l'attribuer. Car c'est de la puissance paternelle que découle le droit de jouissance légale, et elle ne l'a pas. D'ailleurs, le but de la loi se trouverait manqué. Le père retirerait dans le cas de communauté le même avantage que si lui-même exerçait cette jouissance, les revenus tombant dans la communauté dont il est le chef.

Il faut également appliquer cette observation au cas où le mari aurait encouru pareille déchéance par suite d'une condamnation correctionnelle pour le délit prévu par les articles 334, 335 du Code Pénal : Attentat aux mœurs sur la personne de son propre enfant.

---

[1] Pour notre opinion, Marcadé. Contrà : Grenier.

§ II.

Le mariage subsistant, il peut se présenter tel concours de circonstances où la puissance paternelle dont l'exercice à l'origine se trouve entre les mains du mari, passera dans celles de la femme. L'article 373, il est vrai, parait nous réfuter immédiatement, puisqu'il dispose que le père *seul* exerce cette autorité *durant* le mariage. Mais la loi se reprend elle même dans plusieurs articles et nous prouve qu'il ne faut pas donner à ces expressions de l'article 373 le sens restreint qu'elles comportent. Partout où la puissance paternelle intervient, nous allons voir la femme, à défaut du mari pour l'exercer, prendre son lieu et place.

Le premier cas qui s'offre à nos yeux dans la loi, c'est celui où le mari est absent. Trois articles ont été compris par le législateur dans un chapitre relatif à l'absence, pour traiter de la surveillance des enfants mineurs d'un père qui a disparu. Le premier suppose que la mère existe. Il est ainsi conçu :

Article 141. « Si le père a disparu laissant des enfants mineurs issus d'un commun mariage, la mère en aura la surveillance et elle exercera tous les droits du mari, quant à leur éducation et à l'administration de leurs biens. »

La mère, on le voit, reçoit de la loi une sorte de délégation, au nom du mari ; mais peut-elle exercer la puissance paternelle avec l'omnipotence du père? ou faut-il admettre au contraire qu'elle subit les restrictions faites par le Code alors qu'elle exerce ce pouvoir en son propre nom? Nous croyons qu'il faut admettre l'affirmative. En conséquence son droit de correction ne dépassera pas les limites dans lesquelles l'enferme l'article 381.

L'éducation et l'entretien des enfants tombent à la charge de la femme, qui seule représente le ménage. Faut-il en conclure que les revenus personnels des enfants dont la loi fait attribution au père comme compensation de cette attribution, vont lui appartenir? L'affirmative soutenue par Marcadé est, croyons-nous, en contradiction avec le texte de l'article 384 qui donne au père seul, durant le mariage, cette jouissance. La femme qui, d'après nous, a la jouissance paternelle par délégation, devra compte à son mari des deniers qu'elle aurait perçus à titre de jouissance légale par suite de cette délégation.

Lorsqu'il s'agira d'émanciper un enfant, de l'autoriser à faire le commerce, de le laisser adopter ou entrer en tutelle officieuse, enfin de le marier, le consentement de la mère qui était presque sans valeur et même inutile, prend alors un caractère plus sérieux ; il est tout. C'est ce que nous révèlent les dispositions contenues dans les articles 149, 155, 173, 180, 182, 346, 381, 477, etc.

Dans l'exercice de la puissance paternelle, la femme recouvrera toute la capacité dont elle se voit dépouillée à son mariage pour elle-même, ainsi que nous le dirons plus tard; elle n'a besoin d'aucune autorisation, et fait pour ses enfants, seule, sans contrôle, tous les actes pour lesquels il lui serait nécessaire d'être pourvue d'autorisation.

Les effets que nous venons de voir se produire en cas d'absence du mari, seront-ils les mêmes, quand durant le mariage, le père subira certaines condamnations dont il résultera pour lui interdiction légale, ou quand par suite de maladie, la justice l'aura déclaré en état d'interdiction judiciaire ? L'affirmative n'est pas douteuse. L'interdiction légale ou judiciaire retire des mains du père l'autorité paternelle, et elle passe de droit dans celles de la mère. Cependant il faut ici faire une observation ; le Code a prévu le cas où une personne privée de raison et interdite se trouve avoir des enfants en état d'être mariés. La mère ne peut pas les doter seule sur les biens communs. L'article 511 voulant que l'on fasse décider la dot ou l'avancement d'hoirie et les autres conventions matrimoniales, par le conseil de famille, avec l'homologation du tribunal sur les conclusions du ministère public.

Nous avons déjà déterminé plus haut, comment il fallait interpréter l'article 510 en ce qui concerne le conflit qui pourrait survenir à propos de l'emploi des revenus d'un interdit, nous n'y reviendrons pas.

Lorsque la vie commune a cessé entre les époux, non pas simplement par un mutuel accord, mais par suite de la séparation prononcée en justice, le sort des enfants est remis par le tribunal entre les mains, soit d'un seul des époux, soit de tous deux, c'est-à-dire que le jugement prononce qu'une partie des enfants sera élevée par le père, et l'autre par les soins de la mère.

Quelle devient alors la position de la mère vis-à-vis des enfants confiés au mari, et vis-à-vis ceux dont la garde lui appartient ?

Pour les premiers, sa situation est la même que pendant le mariage, elle reste spectatrice et surveille seulement les actes de son mari.

Pour les seconds, il faut faire une distinction : ce que la loi remet à la femme, ce n'est qu'une partie des attributs de la puissance paternelle : elle garde et fait élever ses enfants, sans contrôle, mais a-t-elle le droit de correction ? L'article 373 s'oppose à une semblable conclusion : « Le père exerce seul l'autorité paternelle durant le mariage. » D'ailleurs les conséquences de ce droit peuvent être très graves, l'avenir d'un enfant souvent en dépend. Il serait imprudent de confier à la mère un pouvoir aussi redoutable, même en lui appliquant la restriction de l'article 381. Le père, croyons-nous, conserve son autorité.

Mais, peut-on objecter immédiatement, c'est détruire ce que la justice a fait : retirer à la mère le droit de correction, c'est lui rendre la garde et l'éducation des enfants impossible. Le père, souvent dans une intention hostile pour sa femme, refusera son autorisation, et l'enfant pourra impunément manquer de respect à sa mère, et commettre des fautes graves envers elle sans crainte de châtiment.

Nous répondrons à cela que la justice doit alors intervenir encore entre les époux. La femme après avoir mis son mari en demeure de faire usage de sa puissance paternelle pour châtier un enfant coupable envers elle, s'adressera à la justice, tout comme elle le ferait en cas d'abus de l'autorité par le père, et ce sera la justice qui décidera du châtiment.

En dehors des droits de garde et d'éducation confiés à la mère après la séparation survenue, tous les autres attributs de la puissance paternelle demeurent entre les mains du mari, c'est ainsi que lui seul peut émanciper l'enfant, que seul il peut consentir ou s'opposer à son mariage ou son adoption, que seul il a le droit à la jouissance légale de ses biens.

§ III.

Examinons maintenant, comment la puissance paternelle à la dissolution du mariage par la mort du mari, appartiendra à la femme survivante.

L'article 390 porte : Après la dissolution du mariage arrivée par la mort naturelle ou civile de l'un des époux, la tutelle des enfants mineurs et non émancipés appartient de plein droit au survivant des père et mère.

La mère à la mort du mari, prend donc immédiatement la tutelle de ses enfants mineurs, et elle ne l'exercera pas tout comme l'exercerait le mari, la puissance paternelle se transforme entre ses mains et subit de légères modifications.

Tout d'abord, il faut observer une disposition assez curieuse de la loi, dans laquelle on retrouve l'esprit d'hostilité et de méfiance contre la femme dont le législateur a fait preuve plus d'une fois. Le père, en mourant et par son testament, ou de son vivant (par une déclaration expresse devant le juge de paix, assisté de son greffier, ou devant notaire), a pu sensiblement altérer, réduire ou modifier les conditions dans lesquelles doit s'exercer l'autorité de la veuve sur ses enfants : Il a pu, nous dit l'article 391 du Code Civil, nommer à la mère survivante un conseil spécial sans l'avis duquel elle ne pourra faire aucun acte relatif à la tutelle. Si le père spécifie les actes pour lesquels le conseil sera nommé, la tutrice sera habile à faire les autres sans son assistance.

Les enfants demeurent sous la surveillance de la mère qui dirige leur éducation, et a sur eux le droit de correction, mais avec la restriction de l'article 381.

Lorsqu'il s'agira d'émanciper un enfant mineur, de le marier ou de consentir à son adoption, le consentement de la mère suffira à lui seul, et en cela elle exerce la puissance paternelle à l'égal du père.

La jouissance des revenus des enfants mineurs lui appartient aux termes de l'article 384.

Enfin, la mère peut par son testament choisir à ses enfants, pour le jour où elle ne sera plus, un tuteur qui en prendra soin (art. 397).

Voilà la situation faite par la loi à la veuve, en ce qui concerne ses enfants. Mais deux événements peuvent venir la changer du tout au tout ou la modifier en partie. C'est, en premier lieu, la volonté de la mère.

La tutelle, en règle générale, est une charge que la loi impose. Il n'est pas permis de s'y soustraire, si ce n'est dans certains cas prévus et assez restreints ; comme elle entraîne des responsabilités très graves, et que son exercice demande des connaissances relativement assez étendues des affaires, les femmes en sont d'ordinaire exclues. Par exception, la mère est appelée à la tutelle de ses enfants. Le législateur s'est confié à elle, il s'est rappelé que l'amour maternel rendait la femme plus forte et plus prévoyante, mais il n'a pas voulu non plus compromettre l'avenir des enfants mineurs ; aussi a-t-il permis à la femme qui ne se sentait pas en état de supporter le fardeau de la tutelle, de s'en décharger. C'est ce que nous voyons écrit en l'article 394.

En second lieu, c'est un mariage subséquent contracté par la femme.

Pour conserver la tutelle de ses enfants mineurs, la loi exige que la femme qui se remarie demande l'avis du conseil de famille. C'est lui qui décidera d'une manière souveraine si elle sera maintenue dans l'exercice de ses fonctions. L'oubli de cette formalité entraîne la déchéance du droit de tutelle, et une responsabilité que partage le nouveau mari (art. 395, 396).

Non maintenue dans ses fonctions de tutrice lors de son second mariage, la mère perd une partie de ses droits sur ses enfants. Il ne lui est plus permis de leur choisir un protecteur pour le temps où elle ne sera plus (art. 399).

Maintenue, la mère se trouve forcément avoir pour cotuteur son nouveau mari, et tous deux vont exercer leur pouvoir avec des droits égaux ; mais ils ne sont plus alors que de simples tuteurs et la puissance paternelle s'est amoindrie, le droit de correction ne se trouve plus régi par l'article 381, mais par l'article 468. En outre, la femme perd la jouissance des revenus de ses enfants du premier lit. Enfin si usant de la faculté que la loi lui laisse encore, elle choisit un tuteur à ses enfants, il faudra que le conseil de famille valide ce choix,

Dans tous les cas, la femme, alors même qu'elle n'est pas tutrice, garde son droit de consentir ou de s'opposer au mariage et à l'adoption de ses enfants.

La raison qui a porté le législateur à briser ou à modifier singulièrement la puissance paternelle entre les mains d'une veuve qui se remarie, est la crainte que la subordination où elle se trouve vis-à-vis de son second mari ne lui fasse sacrifier les enfants du premier lit à ceux qu'elle pourrait avoir d'un second mariage ou aux exigences jalouses et cupides de son second mari.

Certes voilà qui était juste, mais pourquoi le législateur n'a-t-il pas eu semblable méfiance pour le mari ? Souvent, cela est possible, la femme suivra les idées de son second mari et par là, sera peut-être amenée à causer quelque préjudice à ses enfants d'un premier lit, mais plus souvent aussi, son cœur maternel la guidera et elle saura parfaitement résister à des propositions dangereuses pour ses enfants. Le père d'ailleurs n'est-il pas lui aussi soumis à cette influence occulte de la femme ? et peut-on dire que son affection paternelle le guidera ? Pourquoi donc semblable inégalité ?

Le législateur a bien vu le côté faible de son système, aussi dans l'article 1098 il le modifie, et met alors l'hom-

me et la femme sur le même rang, et si l'on se rappelle
l'origine des restrictions qu'il comporte, on verra combien
notre opinion est juste.

L'article 1098 est tiré de l'édit de 1560 qui fut l'œuvre
du chancelier de L'Hospital, et qu'on nommait *l'édit sur les
secondes noces et sur les donations y relatives*. Il est ainsi for-
mulé : « L'homme ou la femme qui, ayant des enfants d'un
« autre lit, contractera un second ou subséquent mariage,
« ne pourra donner à son nouvel époux qu'une part d'en-
« fant légitime le moins prenant, et sans que, dans aucun
« cas, ces donations puissent excéder le quart des biens. »

L'édit de 1560 ne parlait que des femmes veuves, et laissait au mari toute liberté pour régler ses dispositions avec
sa seconde femme.

En voici le texte :

« Ordonnons, que les femmes veuves ayant enfants ou
« enfants de leurs enfants, si elles passent à nouvelles no-
« ces, ne peuvent et ne pourront, en quelque façon que
« ce soit, donner de leurs biens, meubles, acquêts ou ac-
« quis par elles, d'ailleurs que de leur premier mari, ni
« moins leurs propres, à leurs nouveaux maris, père, mère
« ou enfants desdits maris, ou autres personnes qu'on
« puisse présumer être par dol ou fraude interposées, plus
« qu'à l'un de leurs enfants, ou enfants de leurs enfants,
« et s'il se trouve division inégale de leurs biens, faite en-
« tre leurs enfants ou enfants de leurs enfants, les dona-
« tions par elles faites à leurs nouveaux maris seront ré-
« duites et mesurées à la raison de celui des enfants
« qui en aura le moins. »

L'édit contenait également prohibition à la femme de faire aucune libéralité à son second époux, sur les biens par elle acquis par dons et libéralités de son défunt mari. Cette dernière disposition était applicable au mari.

Pour éluder les proscriptions de l'article 1098, les donations indirectes offraient une porte très sûre, mais l'article 1099, qui lui aussi puise son origine dans l'édit de 1560, est venu prévenir ce danger, en décidant que toute donation ou déguisée ou faite à personne interposée serait nulle.

Enfin, les articles 1496 2° et 1527 2° sont encore venus mettre obstacle à toute tentative des époux pour s'avantager l'un l'autre au détriment des enfants d'un premier lit.

§ IV.

Après avoir signalé l'inégalité créée par le législateur entre le père et la mère, alors qu'on les considère tous deux par rapport à leurs enfants, il convient de montrer certaines conditions dans lesquelles les deux époux sont traités sur le pied de parfaite égalité.

En ce qui concerne le respect dû par les enfants à leur père et mère, la loi n'a fait aucune distinction :

« L'enfant, à tout âge, doit honneur et respect à ses père et mère. » Voilà le principe posé par l'article 371, qui n'a fait ici que suivre celui qu'édictait la morale et contre lequel personne n'oserait s'élever.

Mais nous devons regretter sérieusement l'inutilité presque absolue de ce principe qui n'est sanctionné que dans fort peu de textes positifs. Les conséquences plus ou moins étendues qu'il fallait induire du respect dû aux parents par les enfants, loin de ressortir dans des règles précises, ont été abandonnées à l'arbitraire et au caprice de chacun, par des principes que leur extrême généralité rend presque stériles et insignifiants.

Toutefois nous croyons que c'est par une déduction logique du principe qu'il formulait en l'article 371 que le législateur s'est trouvé amené à poser les règles que nous allons parcourir succintement.

1° L'enfant n'a pas d'action contre ses père et mère pour un établissement par mariage ou autrement (art. 204). Il en était différemment à Rome, on s'en souvient.

2° Les enfants doivent des aliments à leurs père et mère qui sont dans le besoin (art. 205).

3° Lorsqu'un enfant vient à mourir sans laisser de descendants, ses dispositions entre-vifs ou testamentaires ne sauraient entamer la réserve que la loi attribue au père ou à la mère par les articles 915, 913.

4° L'enfant n'est jamais admis à former opposition au mariage de sa mère non plus qu'à celui de son père, même en alléguant sa démence et en offrant de provoquer son interdiction, ce qui résulte *a contrario* des articles 172, 173, 174 du Code Civil, mais paraît assez étrange, lorsqu'on se reporte à l'article 490.

5° L'enfant ne peut exercer la contrainte par corps contre ses père et mère, ainsi qu'il est dit en la loi du 17 août 1832, il en était ainsi même avant sa promulgation. La contrainte par corps étant abolie, nous le savons, cette conséquence n'offre plus aucun intérêt.

6° Toute obligation contractée sous l'empire de la violence sur la personne de l'enfant sera nulle, lorsqu'elle aura été contractée pour éviter un péril à son père ou sa mère (art. 1113).

7° En cas de meurtre de la mère ou du père, l'enfant est tenu, sous peine d'être déclaré indigne quant à sa succession, de dénoncer le coupable (art. 727). Mais le défaut de dénonciation du meurtre de celui dont il hérite ne peut lui être opposé, quand le coupable n'est autre que son père ou sa mère (art. 728).

8° En matière civile, comme en matière criminelle, l'enfant n'est point admis à déposer contre sa mère ou son père (art. 268 Cod. Proc. civ., 156, 189, 322 Cod. d'Instr. Crim.)

9° Le détournement fait par le père ou la mère d'objets appartenant à leur enfant ne saurait être poursuivi par ce dernier comme un vol. Il n'a droit qu'à des dommages-intérêts (art. 830 Cod. Pén.)

10° Enfin les coups et blessures, le meurtre, soit du père, soit de la mère, sont considérés comme des fautes plus graves que lorsqu'ils ont été pratiqués sur toute autre personne et punis plus sévèrement (art. 312, 317 Cod. Pénal).

Le parricide n'est jamais excusable (art. 323 Cod. Pén,)

DEUXIÈME PARTIE

CAPACITÉ DE LA FEMME MARIÉE

§ I.

« Parmi les progrès de l'esprit humain, les plus impor-
» tants pour le bonheur général, nous devons compter
» l'entière destruction des préjugés qui ont établi entre les
» deux sexes une inégalité de droit funeste à celui même
» qu'elle favorise. On chercherait en vain des motifs de la
» justifier, par les différences de leur organisation physi-
» que, par celles qu'on voudrait trouver dans la force de
» l'intelligence, dans leur sensibilité morale. Cette inégali-
» té n'a eu d'autre origine que l'abus de la force, et c'est
» vainement qu'on a essayé depuis, de l'excuser par des
» sophismes [1]. »

[1] Concorcet, *Esquisses du progrès de l'esprit humain.*

Cette pensée d'un philosophe, nous avons pu nous en rendre compte, n'a pas toujours été suivie par le législateur français, alors qu'il s'agissait de régler la condition de la femme mariée quant à sa personne. Nous avons vu combien la femme occupait un rôle effacé dans la direction de la famille, et combien elle était dépendante de son mari. Mais ce n'est pas ce que nous déplorons le plus, l'étude de la capacité de la femme en ce qui concerne ses biens, va nous faire voir bien d'autres abus, bien d'autres erreurs.

L'égalité civile des deux sexes est un principe fondamental de notre législation actuelle. La femme non mariée, une fois devenue majeure, prend en main l'administration et de sa personne et de ses biens, de même que l'homme, elle est libre de circuler en tous lieux, elle est libre de disposer de sa fortune à son gré ; mais vient-elle à se marier, tout change, sa liberté se transforme en dépendance, et ce qu'il y a de plus curieux à observer, c'est que cette déchéance est le résultat de l'exercice d'un droit, et quel droit ! Le plus naturel, le plus légitime, le plus inviolable, inhérent au suprème degré à la qualité d'être humain, le droit de s'unir par le lien du mariage.

Nous connaissons déjà l'effet produit par l'union de la femme, en ce qui concerne sa personne, examinons celui qu'elle doit amener sur ses biens.

L'incapacité de la femme mariée est le trait le plus caractéristique et le plus original de notre droit. Il ressort de deux articles qu'il importe de faire connaître :

Article 227 : La femme, même non commune ou séparée de biens, ne peut donner, aliéner, hypothéquer, acquérir à titre gratuit ou onéreux, sans le concours du mari dans l'acte ou son consentement par écrit.

Article 1124 : Les incapables de contracter sont..... les femmes mariées, dans les cas exprimés par la loi.

Quel fondement rationnel et juridique a servi de base à cette incapacité ? Quelle a été la pensée du législateur en la créant ?

La question déjà très-controversée dans l'ancien droit, l'est encore dans le nouveau et avec juste raison, car aucune théorie n'est plus arbitraire et plus formellement injuste. Trois systèmes ont pris place :

1° Dans une première opinion l'incapacité de la femme mariée, repose sur le respect dû par l'inférieure à son supérieur. C'est l'intérêt de la puissance maritale qui se trouve mis en jeu.

C'est le système soutenu par Pothier. :

« On peut définir l'autorisation du mari qui est néces-
» saire à la femme, un acte par lequel le mari habilite sa
» femme pour quelque acte qu'elle ne peut valablement
» faire que dépendamment de lui.

» Le besoin qu'a la femme de cette autorisation de son
» mari n'est pas fondé sur la faiblesse de sa raison, car
» une femme mariée n'a pas la raison plus faible que les
» filles et veuves qui n'ont pas besoin d'autorisation.

» La nécessité de l'autorisation du mari n'est donc fon-
» dée que sur la puissance que le mari a sur la personne
» de sa femme, qui ne permet pas à sa femme de rien faire
» que dépendamment de lui [1]. »

---

[1] Pothier, *Traité de la puissance du mari.*

Ce système donne lieu à de graves objections : S'il est vrai que le respect de la puissance maritale soit la seule cause de l'incapacité de la femme, pourquoi le Code, (imitant en cela Pothier qui, entraîné par la logique, déduisait toutes les conséquences de son système) ne permet-il pas au mari mineur d'autoriser sa femme ?

En outre, comment faire concorder avec cette idée, la liberté absolue que la loi dans certaines circonstances a donnée à la femme ? Cette dernière, on le sait, peut sans aucune autorisation tester, (art. 226 et 205 Code Civil), reconnaître un enfant naturel né avant le mariage (art. 337); adopter tel régime qui lui laissera la libre administration de son patrimoine.

Enfin comment expliquer le droit accordé à la femme de se prévaloir de la violation de l'autorité maritale (art. 225) et surtout comment admettre que cette autorité puisse être suppléée par celle du juge ?

2° Une seconde opinion veut ajouter à la considération de l'autorité maritale, celle de la faiblesse du sexe, *infirmitas et imbecillitas sexûs*: ses partisans voient un maître et un protecteur dans le mari.

Par ce moyen, l'on explique, il est vrai, l'intervention de la justice à défaut du mari, mais l'on n'observe pas assez combien est peu logique un pareil système.

Si en réalité la femme était aussi faible qu'on veut bien le dire, pourquoi donc le législateur la laisse-t-il sans secours lorsqu'elle est fille ? Pourquoi donc lui rend-il une capacité dangereuse quand elle devient veuve ? Et pourquoi donc enfin, la loi étend-elle sa protection non seulement sur la femme, mais encore sur son époux et ses héritiers, qui pourront invoquer la nullité de ses actes ? (Art. 225).

3° Un dernier système admet que la puissance maritale a été prise en considération par le législateur, mais c'est surtout le besoin d'une administration unique pour le ménage qu'il veut y voir. Or, le mari étant plus apte aux affaires que la femme, il était juste que la direction du patrimoine lui revînt.

Ce système, nous en convenons, est celui qui sans rabaisser la femme, peut donner satisfaction à toutes nos objections précédentes, il explique très-bien l'intervention de la justice en cas d'incapacité du mari. Mais malheureusement, il ne nous explique pas comment la loi a pu, sur cinq régimes matrimoniaux qu'elle permet aux époux d'établir entre eux, autoriser la femme dans trois, à garder l'administration de tout ou partie de ses biens, et de faire ainsi que le ménage se trouve avoir deux patrimoines administrés par deux volontés différentes.

Suivant nous, le Code est resté en cette matière imbu des traditions Romaines et Germaniques, il n'a pas su dégager une théorie exacte de la capacité et de l'incapacité des femmes, il a imaginé un système bizarre par lequel, la femme tantôt succombe sous le poids de l'autorité maritale et se trouve entièrement à la merci de son mari comme dans le régime de la communauté de biens, tantôt relève d'elle même et conserve une capacité que la volonté de son mari ne pourra pas parfois restreindre, comme dans le régime de séparation de biens, ou le régime dotal pour ce qui concerne les paraphernaux.

§ II.

L'étude du Code nous fait voir combien ses rédacteurs ont été embarrassés, lorsqu'il s'agissait pour eux de définir la capacité de la femme. L'exposition des différents régimes que la loi autorise, et les recherches que nous allons faire sur l'incapacité de la femme mariée, vont nous montrer combien ces deux matières sont confuses, elles s'entrechoquent à tout moment, et le législateur lui-même le comprend si bien, qu'il proteste au début de l'article 217 contre tout ce qu'il doit établir plus tard.

I. — Le premier régime, celui qui est le plus favorisé en France et qu'on peut appeler le régime de la nation, c'est le régime de la communauté de biens.

La communauté est légale quand les parties s'en sont remises à la sagesse du législateur, soit en adoptant en bloc toutes ses dispositions sur la matière, soit en ne faisant pas de contrat et acquiesçant ainsi d'une manière tacite à sa volonté.

Sous ce régime on peut distinguer trois patrimoines pour ainsi dire, celui du mari, qui se confond avec celui de la communauté, et celui de la femme. L'actif commun comprend en propriété tout le mobilier présent et futur des époux et des immeubles acquis à titre onéreux pendant le mariage ; en jouissance de tous les biens propres.

Le mari seul a l'administration des biens de la communauté, soit en propriété, soit en jouissance, et à l'égard des premiers il est considéré comme propriétaire ou à peu près (art. 1421 et suiv. C. civ.).

Sur les biens qui forment le patrimoine de la femme, il a un droit d'administration (art. 1428 et suiv.).

Dans ce premier régime, on le voit, le rôle de la femme est tout à fait passif. Elle se trouve dépouillée de l'administration de ses biens, elle ne peut compromettre l'actif commun que très rarement.

II. — Si les parties n'acceptant pas toutes les conditions un peu sévères du Code, rédigent elles mêmes leur contrat de mariage, elles peuvent alors augmenter la capacité de la femme et diminuer celle du mari. La communauté prend le nom de communauté conventionnelle. Alors nous voyons figurer les clauses de communauté réduite aux acquêts, les stipulations de propres, la clause d'ameublissement, la séparation des dettes, le préciput, les reprises, enfin la communauté à titre universel.

La femme peut, dans les conditions du mariage, se réserver tout ou partie de l'administration de ses biens personnels, mais, il faut l'observer, jamais il ne lui sera permis de se faire attribuer l'administration des biens communs (art. 1388).

La capacité de la femme, sur les biens réservés, sera celle d'un propriétaire, incapacité de la femme mariée mise à part. Mais cette même incapacité réduit sensiblement les pouvoirs de la femme, et là naît un conflit entre l'incapacité et le régime.

Lors de la dissolution du mariage, et même avant, la femme, comme compensation du pouvoir exorbitant de son mari, jouit de certains priviléges.

Tout d'abord elle peut demander la séparation de biens quand elle juge ses intérêts compromis (art. 1443).

Elle peut accepter ou répudier la communauté suivant son intérêt (art. 1453).

En acceptant même, elle ne se trouve tenue des dettes que jusqu'à concurrence de son émolument, si elle fait inventaire (art. 1483).

Elle exercera ses reprises avant celles du mari et aura même recours contre lui (art. 1471).

Enfin elle a hypothèque légale sur les biens de son mari (art. 2121).

III. — Les époux peuvent adopter le régime exclusif de communauté. Ils conservent alors la propriété de leurs biens personnels, mobiliers ou immobiliers.

Le mari a la jouissance de tous les biens meubles et immeubles de la femme, sauf les réserves par elle introduites dans le contrat (art. 1530, 1531, 1534), il en a aussi l'administration.

La capacité de la femme suivant qu'elle aura remis ou retenu l'administration de ses propres, s'étendra comme sous le régime de communauté conventionnelle.

IV. — La séparation de biens résultant du contrat de mariage, tout comme celle prononcée par la justice, laisse à chacun des époux son patrimoine ou lui fait reprendre la propriété et la jouissance de ses biens.

La femme, dans les deux cas, administre ses biens, mais sa capacité résultant de ces faits entre en conflit avec l'incapacité générale de l'article 217.

V. — Enfin les époux ont pu adopter le régime dotal, et alors il y a lieu de distinguer les biens dotaux des paraphernaux pour savoir jusqu'où peut s'étendre la capacité de la femme.

Le mari a la jouissance et l'administration des biens dotaux, mais son pouvoir subit une forte atteinte, l'inaliénabilité du fonds dotal s'oppose à lui comme à la femme.

Celle-ci garde l'administration et la jouissance de tout ce qui n'est pas compris dans la dot, et que l'on appelle paraphernal. Mais sa capacité, là encore, est limitée par l'article 217.

Si maintenant, faisant abstraction du régime matrimonial adopté par les époux, nous demandons au texte du Code de nous montrer quelle capacité il accorde à la femme pendant le mariage, nous voyons qu'il nous répond presque par une incapacité générale qui, partant du jour de la célébration du mariage, cesse avec lui seulement.

Suivant le texte de la loi, voyons les actes judiciaires.

L'article 215 dispose : « La femme ne peut ester en justice sans l'autorisation de son mari, quand même elle serait marchande publique, ou non commune et séparée de biens. »

C'est le cas où une femme doit figurer en un procès civil qui se trouve visé ici.

La loi proclame l'incapacité générale de la femme de figurer en justice *(stare in judicio)*, elle ne distingue pas, comme le faisaient certaines coutumes de notre ancien Droit [1], si elle est marchande publique, c'est-à-dire si elle a la plus grande capacité que puisse avoir la femme mariée. La raison qu'on en donne, c'est que les procès demandent de la réflexion, qu'ils sont d'ailleurs assez rares pour que l'intervention du mari ne soit pas une cause de perturbation dans les affaires commerciales.

Fût-ce comme demanderesse ou comme défenderesse que la femme se trouve dans un procès, il importe peu. L'autorisation du mari sera toujours nécessaire, la loi n'ayant rien dit.

L'article 215 donne lieu à de nombreuses contestations :

1° Tout d'abord, la femme qui, usant de la faculté que lui accorde l'article 490 du Code civil, voudrait provoquer l'interdiction de son mari, aura-t-elle besoin de son autorisation ?

La question divise la jurisprudence et les auteurs. Pour l'affirmative, on soutient que la femme, par l'article 490, se trouve autorisée *de plano*, et l'on demande comment d'ailleurs elle obtiendrait le consentement du mari [2].

Dans une opinion contraire adoptée par un arrêt de la

---

[1] Pothier, n° 62.

[2] Arrêt de la Cour de Lyon 1863, Zachariæ. Aubry et Rau, t. IV, p. 425.

Cour de cassation de 1864, l'on se réfère à l'article 215 qui, dit-on, a posé une règle absolue [1].

2° Puis s'élève une question relative à la demande en nullité de mariage intentée par la femme contre le mari. Le cas échéant, aura-t-elle besoin de l'autorisation maritale ?

Oui, répondent les auteurs et la jurisprudence, car jusqu'au jour où le mariage est annulé il y a présomption en sa faveur, la femme doit donc être considérée comme épouse.

Mais l'on peut objecter que c'est justement cette question qu'il s'agit de décider ! C'est donc une pétition de principe que l'on fait en invoquant semblable présomption. La femme dira qu'elle ne se considère pas comme mariée, et que partant elle n'a pas à se soumettre aux obligations qui pèsent sur la femme mariée ?

L'opinion première prévaut [2].

Une double exception au principe est consacrée par la loi même ; elle se rapporte à la demande en séparation de corps et à la demande en séparation de biens. La femme, dans ces deux cas, se trouve autorisée implicitement par l'ordonnance du président qui la renvoie à se pourvoir devant le tribunal.

L'autorisation est nécessaire pour chaque degré de juridiction.

---

[1] Delvincourt, t. 4, p. 130. Merlin, *Autorisation maritale*. M. Valette.

[2] Cassation 1845-1851. Zacharie. Demolombe, *Traité du Mariage*, II, n° 127.

Si la femme, en se mariant, se trouve engagée dans un procès, il faut, appliquant ici l'article 342 du Code de procédure civile, distinguer si l'affaire est en état ou non. Au premier cas, le jugement de l'affaire ne saurait être différé par le changement d'état de la femme ; au second cas, le procès continue, mais le mari intervient pour autoriser la femme à suivre l'instance.

L'article 215 ne se réfère qu'au cas où il s'agit d'ester en justice. Si donc il était question d'exploits non relatifs à une instance, de significations, protêts, sommations et autres actes du ministère de l'huissier en dehors d'un procès, l'autorisation maritale ne serait plus nécessaire, à la condition toutefois que la femme eût le droit d'administration quant aux choses auxquelles se rapporteraient les actes.

On peut adresser une critique à la rédaction de l'article 215, c'est d'avoir parlé du régime de la non communauté. Il semble que les rédacteurs ont oublié la théorie de ce régime, ils paraissent lui donner des conséquences qui ne se réaliseront pas, car c'est de tous les régimes le plus défavorable à la femme. Elle perd et la jouissance et l'administration de ses biens qui appartiennent au mari.

Par contre, il était utile de mentionner la séparation de biens, car, sous l'ancien droit, la femme séparée de biens pouvait ester en justice sans autorisation du mari, pour ce qui concernait l'administration de ses biens [1].

Voilà pour ce qui regarde les procès en matière civile. L'article 216 va nous faire voir un principe tout opposé

---

[1] Pothier, n° 61.

lorsqu'il s'agira de procès en matière criminelle ou de police.

« ART. 216. — L'autorisation du mari n'est pas nécessaire lorsque la femme est poursuivie en matière criminelle ou de police. »

Comme nous le voyons à la simple lecture de l'article, s'il s'agit pour la femme d'être demanderesse, l'autorité maritale sera toujours nécessaire. Mais si la femme devient défenderesse, on s'en passera.

« L'autorité du mari, disait M. Portalis, disparaît de« vant celle de la loi, et la nécessité de la défense naturelle « dispense la femme de toute formalité [1]. » Voilà la raison qui devait amener la rédaction de notre article.

Mais une question se pose immédiatement à l'esprit, faut-il appliquer les dispositions de l'article 216 à l'action intentée par la partie civile ?

Trois hypothèses peuvent se présenter :

1° La femme est poursuivie par la partie civile accessoirement au ministère public, l'autorisation n'est pas nécessaire (art. 359 C. inst. crim.). Les deux actions sont trop unies pour qu'il en soit autrement, elles se déroulent devant la même juridiction. Il eût été peu logique de donner au mari la faculté d'en entraver la marche.

2° La partie civile poursuit la femme devant le tribunal correctionnel sans que le ministère public agisse ; la question est controversée.

---

[1] Locré, *Législation civile*, t. IV, p. 583.

Pour l'affirmative on invoque l'article même qui ne fait aucune distinction, et l'intérêt de la défense [1].

Pour la négative, on se sert encore de l'article 216, dont les termes sont formels, il faut qu'il s'agisse bien d'une action criminelle, d'une action dirigée par le ministère public contre la femme.

D'ailleurs l'article 216 est une exception à la règle générale et les exceptions sont de droit étroit [2].

C'est à cette dernière opinion que nous croyons devoir nous rattacher.

3° La partie civile agit devant les tribunaux civils, l'autorisation est sans aucun doute une formalité nécessaire.

Actes extra-judiciaires

« Art. 217. — La femme, même non commune ou séparée de biens, ne peut donner, aliéner, hypothéquer, acquérir à titre gratuit ou onéreux, sans le concours du mari dans l'acte, ou son consentement par écrit.

Nous arrivons à présent à une série d'actes pour lesquels l'incapacité de la femme est presque absolue. Dans l'article 217, remarquons-le encore, la loi est en opposition avec le régime, car il est assez difficile de faire concorder les pouvoirs que la séparation de biens donne à la femme (art. 1449,

---

[1] M. Valette, *Explications sommaires*, Demante, t. ,, n° 299.
[2] Marcadé, titre v, *Du Mariage*, p. 527. Demolombe. t. iv, p. 157.

1836, 1876 C. civ.), avec les termes du texte, il y a antinomie complète.

De la disposition de l'article 217, il résulte que toute femme mariée, en principe, est incapable d'aliéner ou d'acquérir, soit à titre gratuit, soit à titre onéreux, sans autorisation maritale.

Aliéner, c'est transférer à autrui la propriété d'une chose qui nous appartient, c'est *rem suam alienam facere.*

L'aliénation est dite à titre onéreux quand, tout en transférant sa chose à autrui, en s'en dépouillant, on en reçoit l'équivalent, soit en argent, soit en tout autre objet, ainsi les contrats de vente et d'échange.

Elle est dite à titre gratuit lorsque, soit par un acte qui prend le nom de donation entre-vifs (art. 893, 894), soit par une disposition dont l'effet se produira après notre mort, qu'on désigne sous le nom de testament (art. 893, 895), nous nous dépouillons de notre chose en faveur d'autrui, sans en recevoir l'équivalent.

Mais, une aliénation, soit à titre onéreux, soit à titre gratuit, n'entraîne pas forcément idée de transmission de propriété ; il peut ne s'agir que d'un démembrement de la propriété, d'une constitution de servitude par exemple , ou même encore d'un droit d'usufruit, d'usage. Faut-il alors leur appliquer l'article 217 ? Cela ne saurait faire doute, l'article est général.

Quant à l'hypothèque, droit réel, qui elle aussi est un démembrement de la propriété, le Code a pris soin d'en faire mention, mais c'était chose inutile. En effet, celui qui hypothèque en réalité aliène, car le droit hypothécaire se résout finalement en un seul droit, qui est le droit au prix de l'objet hypothéqué.

Dans la prohibition d'aliéner qui était faite à la femme, se trouvait comprise celle de donner ainsi qu'on l'a vu, mais c'était aller trop loin ; on retirait à la femme par cela même la faculté de tester, c'était même prolonger son incapacité au-delà de sa vie. Aussi voyons-nous que, revenant sur ses pas, le législateur édicte en l'article 226 la disposition suivante qui fait tomber une partie du principe :

« La femme peut tester sans l'autorisation de son mari. »

Acquérir à titre onéreux c'est recevoir un avantage pécuniaire en échange d'un équivalent de même nature qu'on procure ou qu'on s'engage de procurer à autrui. Ainsi fait l'acheteur.

Acquérir à titre gratuit, c'est recevoir un avantage sans rendre l'équivalent, ainsi le donataire acquiert à titre gratuit.

Aussi la femme ne peut acquérir sans autorisation, à titre onéreux d'abord, parce qu'elle donne quelque chose en échange, à titre gratuit ensuite, parce que, dit-on, les bonnes mœurs s'opposent à ce qu'aucune libéralité lui soit faite en dehors de son mari. Il est impossible de trouver une raison moins juridique que celle-là !

Il ne faut pas séparer de cette matière les divers modes d'aliénation ou d'acquisition reconnus par la loi. Ce que l'on cherche en réglant l'incapacité de la femme, c'est rendre sa volonté dépendante. Par suite, toutes les fois que le mode qui rend cette dernière propriétaire de quelque objet ou l'en dépouille, ne suppose pas de sa part intention d'acquérir ou de perdre, l'acquisition ou l'aliénation sera possible. La femme donc peut acquérir et perdre par prescription (art. 2219), par accession (art. 546 à 577), par occupation (art. 715 à 717).

Pour nous résumer, nous dirons que la femme ne peut aliéner : 1° par contrat, en tant qu'il transfère la propriété ou un de ses démembrements ; 2° par donation.

Qu'elle ne peut acquérir : 1° par contrat transférant la propriété ou ses démembrements ; 2° par donation, legs et succession.

L'incapacité de s'obliger ne ressort pas expressément de l'article 217, mais elle y est comprise virtuellement.

Toute obligation en principe contient un germe d'aliénation, si elle ne se trouve pas réalisée.

« Quiconque s'est obligé personnellement, est tenu de remplir son engagement sur tous ses biens mobiliers et immobiliers présents et à venir. » Voilà ce que la raison édictait et ce que l'article 2092 proclame.

S'obliger c'est créer un lien juridique qui vous met dans la nécessité de donner, d'aliéner par conséquent, de faire ou de ne pas faire. Quant au créancier, la loi lui confère un droit de gage sur les biens de son débiteur, c'est-à-dire le droit de vendre ces mêmes biens pour s'en attribuer le prix. C'es' ce que dit l'article 2093 : « Les biens du débiteur sont le gage commun de ses créanciers, et le prix s'en distribue entre eux par contribution. »

Il en résulte donc que la femme doit être incapable de s'obliger, sans autorisation.

Une objection, non de texte, mais d'histoire pour ainsi dire, peut être faite ici ; le tribunat avait proposé de mettre les obligations parmi les actes que la femme ne peut pas faire sans autorisations. Cette proposition est demeurée sans suite.

En Droit français, les obligations naissent de cinq sources : 1° le contrat ; 2° le quasi-contrat ; 3° le délit ; 4° le quasi-délit ; 5° la loi.

Doit-on appliquer à chacun de ces modes la règle de l'article 217 ? C'est ce que nous allons rechercher.

I. — En ce qui touche les contrats, le Code est formel : écoutons ses principes :

Art. 1123. « Toute personne peut contracter, si elle n'est pas déclarée incapable par la loi. »

Art. 1124 : Les incapables de contracter sont.... Les femmes mariées, dans les cas exprimés par la loi.

C'est l'incapacité la plus absolue qui semble découler à priori de ces deux articles. Toutefois l'attention se trouve éreillée par le dernier membre de phrase de l'article 1124, et nous allons revoir le législateur se heurter de front avec le régime matrimonial, et du conflit naîtra de grandes modifications qui seront à l'avantage de la femme.

Reportons-nous aux divers régimes dont nous avons fait ressortir plus haut les caractères saillants, en ce qui concerne la capacité de la femme.

En communauté, ou avec exclusion de communauté, comme sous le régime dotal (pour ce qui regarde la dot), l'administration des biens de la femme, nous le savons, se trouve remise au mari ; c'est donc dans toute sa rigueur qu'il convient d'appliquer à cette dernière le principe de l'incapacité. Nous faisons, bien entendu, abstraction des conventions particulières qui tendraient à restreindre l'autorité du mari sur ces biens pour étendre la capacité de l'épouse. Ce cas sera réglé avec ce qui va être dit de suite :

Lorsque le régime adopté sera celui de la séparation de biens contractuelle, le régime dotal (mais il ne faut voir ici que les paraphernaux), ou bien lorsque la séparation judiciaire aura été prononcée après le mariage, la capacité de la femme renaîtra en partie, et le principe de l'article 217 subira de notables modifications.

Nous laissons de côté la controverse suscitée par divers auteurs, qui veulent que le Code ait mis une distinction entre la séparation judiciaire et la séparation contractuelle, et donné dans le premier cas une plus grande capacité à la femme que dans le second. Pour nous, nous croyons qu'il y a parfaite identité entre ces deux hypothèses.

La capacité de la femme séparée judiciairement ou contractuellement de biens, ainsi que dans les cas où elle s'est réservé une liberté d'administration, ou s'en trouve investie par la loi, comprend un certain nombre d'actes qu'elle pourra faire sans l'autorisation de son mari.

Ce sont d'abord, sans qu'il y ait lieu à contestation :

1° Le droit de toucher ses revenus, ainsi que d'en poursuivre par voie d'exécution le recouvrement.

2° Le droit d'acquiescer aux demandes relatives à ses meubles et à celles relatives à ses immeubles, mais en tant qu'elles touchent leur administration.

3° Recevoir ses capitaux, en donner quittance et décharge, même consentir à la mainlevée d'hypothèque.

4° Faire le placement de ses fonds, ainsi qu'elle le veut, mais en ayant soin , si elle prend des actions de sociétés , de ne point s'engager personnellement en dehors du versement effectué.

5° Contracter certaines obligations dans la limite de son administration.

6° Aliéner, à titre onéreux, ses meubles corporels ou incorporels, suivant les besoins de sa gestion.

7° Consentir des baux à loyer ou à ferme pour une durée de neuf années au maximum.

Puis arrivent de graves difficultés dont seuls les rédacteurs du Code peuvent être rendus responsables. C'est le résultat de leur hésitation. Ils n'ont pas su franchement rétablir la femme en tutelle ; ils ont eu peur de lui donner trop de liberté.

C'est dans la combinaison des articles 1149, 1536, 1576 avec l'article 217 que naissent les difficultés dont nous signalons les plus graves.

1° La femme séparée peut-elle acquérir à titre onéreux, soit des meubles, soit même des immeubles ?

Il faut admettre l'affirmative , au cas où le caractère dominant de l'acte est un fait d'administration, par exemple , l'acquisition de meubles meublants, de linges , effets à l'usage de la femme , le placement de capitaux ou de revenus dans les limites déterminées plus haut.

Mais en dehors de ces cas, la règle générale doit reprendre toute sa rigueur. La femme, *même séparée de biens* , ne peut pas acquérir à titre gratuit ou onéreux sans autorisation. L'article 1449 ne fait d'exception à la règle qu'en ce qui concerne la faculté d'aliéner. Donc la femme , disons-nous, même séparée de biens, ne peut acquérir.

L'application immédiate de cette opinion se trouverait dans le placement des capitaux par la femme en rente via-gère [1].

2° La femme qui s'oblige pour les besoins de son admi-nistration, confère-t-elle par-là même, à son créancier , un droit de poursuite tant sur ses immeubles que sur ses meu-bles ?

L'affirmative nous paraît préférable ; en effet , il est de principe que tous les biens du débiteur sont la garantie de l'exécution de ses engagements (art. 2092). Or, l'incapacité de la femme, quand elle se trouve levée , ne fût-ce que sur un seul point , doit entraîner toutes les conséquences logi-ques qui en découlent. Redevenue capable , la femme doit être traitée comme tout créancier ordinaire. L'article 1449 prévaut sur l'article 217. D'ailleurs ce serait entraver son administration que de ne pas admettre cette conséquence.

De plus, nous croyons devoir pousser la conséquence de notre système jusqu'à admettre que la femme pourra vala-blement consentir hypothèque sur ses immeubles , en tant que son obligation qu'elle garantirait se rapporterait à son administration. En effet, quiconque est capable de consentir un engagement , est capable de consentir l'hypothèque qui n'en est que l'accessoire. N'en voyons-nous pas un exemple dans l'article 6 du Code de Commerce ? Le mineur commer-çant qui souscrit valablement des obligations pour son com-

---

1 Demolombe, t. IV, p. 169 et suiv.

merce, hypothèque valablement ses immeubles, et cependant il ne peut pas les aliéner sans accomplir certaines formalités (art. 457 et suiv. C. civ.).

L'article 2124 dit, il est vrai, que, « les hypothèques conventionnelles ne peuvent être consenties que par ceux qui ont la capacité d'aliéner les immeubles qu'ils y soumettent. » Et d'autre part, l'article 217 défend à la femme d'aliéner ; mais il faut remarquer qu'en donnant à la femme le droit d'administrer ses biens, la loi ne la compare nullement à un administrateur ordinaire, elle lui laisse une faculté inhérente à la qualité de personne libre, et qui momentanément devait se trouver paralysée par le fait du mariage.

Donc, d'après nous, la femme séparée a le droit d'engager ses immeubles pour les besoins de son administration.

3° Enfin, on peut se demander si, quand la femme séparée de biens contracte une obligation, pour une cause étrangère à l'administration de ses biens, l'exécution de cette obligation peut être poursuivie sur ses revenus et sur son mobilier.

La négative dans ce cas semble devoir l'emporter. En effet, l'article 1449 ne donne à la femme le droit d'aliéner que pour cause d'administration. De plus, cela rentre même dans l'esprit de la loi.

En dehors des cas prévus ci-dessus, tous actes étrangers à l'administration de la fortune de la femme, sont soumis à la nécessité de l'autorisation maritale.

II — La femme s'oblige-t-elle par quasi-contrat ? Est-il besoin du consentement du mari ? Si l'on considère attentivement la rédaction des articles 217, 219, 221, 222, 224 et 1124 , l'on voit que le principe général qui les domine tous, c'est que l'autorisation maritale ne devient nécessaire que quand il s'agit pour la femme de s'obliger convention- nellement. Les textes supposent un acte, et l'idée d'un con- trat s'en dégage forcément. D'ailleurs la femme ne se trouve- t-elle pas engagée par ses délits comme par ses quasi-délits? Pourquoi donc refuser semblable effet aux quasi-contrats , qui se rapprochent tant du délit et du quasi-délit?

Aussi croyons-nous que la femme qui, sans l'autorisation de son mari , aurait pris soin des affaires d'un tiers , serait parfaitement tenue vis-à-vis de lui et de tous autres comme un *negotiorum gestor* ordinaire.

De même , la femme mariée ayant une certaine capacité d'administrer, qui recevrait seule un paiement non dû , se- rait tenue à restitution quoi qu'il advienne.

III. — Quant aux délits et quasi - délits , il n'y a pas de doute possible, la femme est responsable de son dol et de sa faute. Les termes des articles 1382 , 1383 , 1425 sont for- mels à ce sujet.

IV. — Enfin, lorsque l'obligation qui lie la femme se trouve résulter de la loi elle-même, l'autorisation du mari n'est point nécessaire; c'est en effet la loi qui donne l'auto- risation, et qui habilite. C'est ainsi que l'acceptation d'une tutelle et sa gestion peuvent avoir lieu sans le consentement du mari, lorsque semblable charge incombe à la femme (art. 390, 395, 396, 442 n° 3).

De même nous trouvons certains actes pour lesquels la loi dispense formellement la femme de toute autorisation. Ainsi :

1° Lorsqu'il s'agit pour elle de tester, ou de révoquer un premier testament.

2° En cas de mariage de ses enfants, son consentement n'est soumis à aucun contrôle (art. 148, 149). Il en est de même en cas d'adoption (art. 346).

3° Quand une donation est offerte à ses enfants, la femme peut accepter pour eux (art. 935).

4° Elle a le droit de faire transcrire les donations qu'elle a valablement acceptées pour son propre compte (art. 940).

5° De même elle peut révoquer toute donation faite à son mari pendant le mariage (art. 1096).

6° Elle peut faire inscrire l'hypothèque que lui confère l'art. 2021 sur les biens de son mari (art. 2139).

7° Elle peut reconnaître un enfant naturel né avant son mariage (art. 337).

§ III.

Après avoir dit dans quels cas l'autorisation maritale était nécessaire, et indiqué ceux dans lesquels elle n'était pas requise, il convient de rechercher comment peut et doit être donnée cette autorisation.

Le droit coutumier sur ce point était très-rigoureux.

« Le terme *autoriser*, dit Pothier, est comme sacramentel, et je ne vois que celui d'*habiliter* qui paraisse équipol-
lent [1] ». Le consentement du mari était alors nécessaire, et
l'obligation contractée par la femme sans exprimer le mot
lui-même demeurait nulle.

Quant à une autorisation générale d'aliéner tous les im-
meubles, même par contrat de mariage, c'était chose nulle.
Une exception cependant était faite dans la coutume du
Berry.

Le Code a été moins formaliste et moins rigoureux ; il a
d'abord fait disparaître l'obligation d'employer un terme
sacramentel, et permis ensuite au mari de donner son consentement, soit en concourant à l'acte, soit par écrit, c'est-
à-dire d'une manière tacite ou expresse.

L'autorisation tacite résulte, ainsi qu'on peut le voir par
l'article 217, du concours du mari dans l'acte qui oblige
la femme, mais ce qu'il est important de définir, c'est ce
que l'on peut entendre par le mot concourir. La jurisprudence dans une suite de décisions semble vouloir établir
que toutes les fois que le mari, en apposant sa signature
sur un acte, aura pu se convaincre de l'engagement de sa
femme, il aura concouru à cet acte en principe : ainsi un
mari accepte une lettre de change tirée par sa femme. Par
contre, une obligation du mari, cautionnée après par la
femme, n'impliquerait pas consentement de la [...] de
celui-ci.

Une question très-controversée surgit à propos de cette

---

1 Pothier, *De la puissance du mari*. n° 115.

autorisation tacite reconnue par la loi. Peut-elle résulter d'un autre fait que du concours du mari dans l'acte ?

Deux systèmes sont en présence :

Dans l'un on admet que le consentement du mari peut résulter de la connaissance qu'il a eue de l'acte fait par sa femme, et comme argument on invoque le suivant : la femme qui fait le commerce au vu et au su de son mari est suffisamment habilitée ; pourquoi donc n'en serait-il pas de même pour la femme non-commerçante qui remplit un acte de la vie civile ?

Il n'en saurait être ainsi, croyons-nous, parce que le texte de l'article 217 est formel. Il exige le concours du mari en l'acte ou son consentement par écrit [1].

C'est d'ailleurs le fondement du second système, auquel nous croyons devoir nous rattacher.

L'autorisation expresse peut résulter d'un écrit quelconque, une lettre missive, par exemple suffirait très-bien.

On peut à ce propos se demander si l'autorisation du mari doit être donnée en la forme authentique, alors que l'acte auquel elle s'applique doit être rédigé en cette forme.

Nous croyons que l'autorisation doit suivre la forme du contrat dont elle est un élément. D'ailleurs, ne voyons-nous pas dans l'article 933, lorsqu'il s'agit d'une donation, c'est-à-dire d'un acte solennel, le législateur exiger que l'acceptation, un de ses éléments, soit faite en la forme authentique, comme l'acte auquel elle se rapporte.

---

1 Marcadé, art. 217, p. 331. Demolombe, n° 197. Cour de cassation, 1839, 1865.

La jurisprudence d'ailleurs est conforme à cette opinion.

Signalons enfin une controverse assez sérieuse sur le point de savoir si le consentement par écrit exigé par la loi exclut le consentement verbal.

L'affirmative ne nous paraît pas douteuse, si la loi permet le consentement tacite, nous avons vu à quelle condition elle le soumettait ; le concours dans l'acte. Pour prêter un sens à cette disposition, il faut naturellement que le consentement verbal se trouve exclu.

L'importance de notre question se montre alors qu'il s'agit de faire la preuve. D'après nous, elle ne saurait être admise, même au dessous de 150 fr., alors même qu'un commencement de preuve par écrit existerait, et poussant notre raisonnement jusqu'en ses dernières limites, nous croyons que l'aveu ou le serment ne changerait en rien la situation faite aux parties, la nullité de l'acte subsisterait.

Après la forme, il faut voir le fond. Comment donc le mari peut-il autoriser sa femme? Doit-il le faire pour chaque acte, ou peut-il lui conférer une autorisation générale ?

Ce que la loi veut en demandant au mari d'autoriser les actes de son épouse, c'est qu'il se rende compte de leur opportunité. Aussi défend-elle toute autorisation générale.

Art. 223. « Toute autorisation générale, même stipulée par contrat de mariage, n'est valable que quant à l'administration des biens de la femme. »

Art. 1538. « Dans aucun cas, ni à la faveur d'aucune stipulation, la femme ne peut aliéner ses immeubles sans le consentement spécial de son mari, ou, à son refus, sans être autorisée par justice. Toute autorisation générale d'aliéner les immeubles donnés à la femme, soit par contrat de mariage, soit depuis, est nulle. »

On le comprend aisément, le but poursuivi par la loi, a été d'empêcher le mari d'abdiquer son autorité maritale, ce qui n'aurait pas manqué d'avoir lieu. Tous contrats de mariage auraient contenu une clause d'autorisation générale, la loi aurait été tournée.

La spécialité est donc une condition essentielle de la validité de l'autorisation.

La jurisprudence et la majorité des auteurs, ne reconnaissent comme suffisamment spéciale qu'une autorisation donnée en vue d'un acte déterminé dont l'époque et les conditions seront rigoureusement précisées.

« L'autorisation du mari, doit-être spéciale pour tel ou » tel acte » disait Pothier [1] :

La spécialité de l'autorisation maritale souffre deux exceptions :

1° Soit par un contrat de mariage, soit après, la femme peut recevoir une autorisation générale pour administrer ses biens. (Art. 1536, 223, 1538).

2° L'article 220 porte :

« La femme si elle est marchande publique, peut, sans l'autorisation de son mari, s'obliger pour ce qui concerne son négoce. »

Pour saisir cette disposition, il faut se souvenir que la femme doit obtenir le consentement de son mari pour faire le commerce. L'on voit donc que c'est par l'effet de la volonté maritale que la femme aura la capacité que lui donne l'article 220.

---

[1] Introd. au titre x, *Coutume d'Orléans*.

A quel moment l'autorisation du mari doit-elle être accordée ?

Si l'on considère simplement l'article 217, la réponse nous est toute tracée, c'est avant l'acte ou pendant qu'il se fait.

Mais *quid* du cas où l'autorisation intervient après la confection de l'acte ?

Deux systèmes sont en présence :

1" système. L'autorisation est licite. L'ancien droit, dit-on, avait établi cette doctrine. Comment admettre que le Code ait été plus sévère que les coutumes qui exigeaient des formes sacramentelles, le seul reproche qui pourrait être fait à la femme a disparu, elle a donc valablement agi.

Enfin les travaux préparatoires du Code nous montrent bien que l'intention du législateur cadre avec cette première opinion. L'article 217 portait, alors qu'il fut présenté au Conseil d'Etat : « *Le consentement du mari, quoique postérieur à l'acte, suffit pour le valider* [1]. »

2" système, émis par M. Mourlon : Il consiste à dire, que le premier repose sur une confusion faite entre l'autorisation et la ratification. Lorsque la femme a été autorisée à faire un acte, l'autorisation qu'elle a reçue à cet effet, le rend valable *erga omnes*; personne ne peut l'attaquer, ni le mari, ni la femme. L'acte au contraire, qu'elle a fait sans autorisation est vicieux, annulable dans son principe ; deux actions en nullité sont alors ouvertes, l'une attribuée au mari, dont la puissance a été méprisée, l'autre à la femme

---

[1] Marcadé, art. 215. Demolombe, t. 1, n° 300 bis, VIII.

qui n'a pas été protégée. Assurément le mari est maître de donner une autorisation après coup, de ratifier, d'approuver l'acte qu'il pourrait faire annuler ; mais à la différence de l'autorisation proprement dite, dont l'effet est général, la ratification qu'il donne à l'acte, c'est-à-dire la renonciation qu'il fait à son action en nullité, n'a et ne peut avoir d'effet que quant à lui ; car on ne peut renoncer qu'aux droits qu'on a, l'action qu'a la femme est bien à elle ; la loi la lui confère afin qu'elle puisse reprendre en l'exerçant, les avantages pécuniaires qu'elle a dû, à raison du peu de solidité de son engagement, céder aux tiers qui ont contracté avec elle. C'est dans son propre intérêt, et pour la protéger elle-même que cette action a été organisée. Elle seule, par conséquent, en peut disposer, car nul ne peut être dépouillé de son droit sans son consentement. Et ce qui prouve invinciblement que le contrat ratifié par le mari seulement reste annulable à l'égard de la femme, c'est qu'elle peut encore l'attaquer pendant dix ans après la dissolution de son mariage, quoique son mari l'ait tacitement ratifié pendant le mariage [1].

Répondant ensuite à l'objection qui lui est faite immédiatement, à savoir que la femme mariée persévérant dans sa volonté, le consentement par le mari vient s'ajouter au sien et rendre l'acte parfait, M. Mourlon voit une erreur dans cet argument. En effet, dit-il, la femme qui, après avoir contracté sans autorisation maritale, reste dans l'inaction, ne peut point et ne doit point être réputée persévérer

1 Mourlon, *Répétitions écrites*, 1er ex. p. 463.

dans son consentement, par cela seul qu'elle n'exerce point son action en nullité.

Comme second argument, on invoque l'article 183, et l'on fait observer que si en effet, cet article fait produire, à la ratification d'un mariage par les ascendants dont le consentement n'a pas été requis, en effet même à l'égard de l'enfant qui se trouve ainsi dépouillé de l'action qu'il tenait de la loi ; il faut bien se garder d'appliquer par analogie aux matières ordinaires, des règles exceptionnelles faites dans l'intérêt d'un contrat spécial comme le mariage.

Dans cette opinion donc, à laquelle nous croyons devoir donner notre approbation, l'autorisation maritale peut bien être donnée avant et pendant l'affaire, mais non après. L'autorisation postérieure ou la ratification valide l'acte à l'égard du mari, et le laisse annulable dans l'intérêt de la femme.

§ II.

Le législateur en accordant au mari un droit de contrôle sur les actes de sa femme, ne devait cependant pas lui donner une puissance telle, qu'il pût l'exercer avec arbitraire, ni faire de l'autorisation maritale, une chose si inviolable, qu'aucune autorité supérieure ne pût la remplacer.

Trois cas dans l'existence des hommes étaient à prévoir ; tout d'abord, c'était l'abdication par le mari de son pouvoir de contrôle. La loi en spécialisant l'autorisation, mit à l'écart ce premier danger. Puis il pouvait advenir que, durant le mariage, les époux n'étant plus d'accord, les intérêts de la femme se trouvassent compromis par le refus obstiné du mari de donner la capacité à sa femme. Comment alors, vaincre ce mauvais vouloir ? Enfin telles circonstances pouvaient se présenter, dans lesquelles, la femme, momentanément séparée de son mari, n'aurait pu se procurer l'autorisation de ce dernier, ou bien encore telles autres circonstances dans lesquelles, par suite de l'incapacité même du mari, son autorisation se trouverait sans valeur.

Dans ces deux derniers cas qu'il nous reste à examiner, la justice interviendra, soit pour briser la résistance injuste du mari, soit pour remplacer auprès de la femme, le rôle d'*auctor* que celui-ci ne saurait pour l'instant remplir, par suite d'absence ou d'incapacité.

Art. 218. Si le mari refuse d'autoriser sa femme à ester en jugement, le juge peut donner l'autorisation.

Art. 219. Si le mari refuse d'autoriser sa femme à passer un acte, la femme peut faire citer son mari directement devant le tribunal de première instance de l'arrondissement du domicile commun, qui peut donner ou refuser son autorisation, après que le mari aura été entendu ou dûment appelé en la chambre du conseil.

Cette première intervention de la justice dans les rapports pécuniaires des époux, on la justifie en disant, comme M. Portalis : « Il n'y a aucun pouvoir particulier qui ne soit soumis à la puissance publique ; le magistrat intervient pour réprimer les refus injustes du mari et pour rétablir toutes choses dans l'état légitime [1]. » Proudhon, à l'occasion de cette suppléance de la justice, disait : « Le mari n'est que le délégué de la loi dans l'usage du pouvoir dont elle l'a revêtu ; la puissance publique, qui absorbe tous les pouvoirs particuliers, peut à plus forte raison les suppléer [2]. »

La lecture des deux articles ci-dessus ne donne lieu à aucune difficulté. Le tribunal qui sera compétent pour trancher le différend entre les époux, est le tribunal du domicile commun ; voilà pour les actes que la femme voudrait faire, mais quand il s'agit pour elle d'*ester* en justice, qui lui donnera l'autorisation à défaut du mari ? ce sera, croyons-nous, si la femme est demanderesse, le tribunal du domicile commun si elle est défenderesse, le tribunal devant lequel l'affaire est portée.

Quant à la forme, s'agit-il de passer un acte, l'article 219 nous dit que la femme doit demander à son mari l'autorisation qui lui est nécessaire ; c'est donc une mise en demeure qu'elle fera. Pour ester en justice, le silence de l'article 218 est couvert par les dispositions de l'article 861 du Code de procédure civile. La femme fera sommation à son mari, puis elle présentera une requête afin d'être autorisée à citer son mari devant la chambre du conseil.

Actuellement l'article 861 du Code de procédure régit les deux cas prévus par les articles 218 et 219 du Code civil et modifie ce dernier.

Art. 221. « Lorsque le mari est frappé d'une condamnation

[1] Locré, *Législation*, t. iv.
[2] Proudhon, t. i. p. 161.

emporlant peine afflictive ou infamante, encore qu'elle n'ait été prononcée que par contumace, la femme, même majeure, ne peut, pendant la durée de la peine, ester en jugement, ni contracter, qu'après s'être fait autoriser par le juge, qui peut, en ce cas, donner l'autorisation sans que le mari ait été entendu ou appelé. »

Art. 222. « Si le mari est interdit ou absent, le juge peut, en connaissance de cause, autoriser la femme, soit pour ester en jugement, soit pour contracter. »

Art. 224. « Si le mari est mineur, l'autorisation du juge est nécessaire à la femme, soit pour ester en jugement, soit pour contracter. »

Les trois articles que nous reproduisons consacrent la deuxième exception à la règle générale, que la femme n'est relevée de son incapacité que par le mari. Cette exception se réfère aux cas où le mari se trouve dans l'impossibilité physique ou légale de relever sa femme de son incapacité. Nous avons donc à examiner les différentes espèces suivantes : le mari est absent ; il se trouve sous le coup d'une condamnation à une peine afflictive ou infamante ; il est en état d'interdiction ; il est mineur.

1° *Absence du mari.* — Le cas prévu n'est pas celui où le mari est simplement éloigné de la femme, mais bien du l'absence présumée ou déclarée du mari. C'est ce qui résulte des dispositions contenues en l'article 865 du Code de procédure civile.

Toutefois la jurisprudence admet que, dans certains cas urgents, la justice peut intervenir et autoriser la femme, alors même que son mari ne serait ni présumé ni déclaré absent, mais retenu à une distance trop considérable pour faire parvenir immédiatement son autorisation. C'était d'ailleurs l'ancienne doctrine émise par Pothier. « La femme, disait l'éminent jurisconsulte, peut recourir à la justice lorsque le mari est trop éloigné pour donner l'autorisation aussi promptement que le cas l'exige [1].

Cette doctrine est rejetée par plusieurs auteurs, et nous pensons que, dans l'état actuel de notre civilisation, il faut donner à ces derniers une grande autorité ; en effet, admettre l'ancienne opinion de Pothier peut avoir de graves conséquences [2].

2° Condamnation du mari à une peine afflictive ou infamante. — La dégradation civique est une peine ou principale ou accessoire. Dans l'un ou l'autre cas, doit-elle produire le même effet à l'égard du mari, en ce qui touche l'autorisation maritale ?

Adoptant la théorie généralement admise, nous croyons devoir suivre la négative.

Quand donc la dégradation civique sera principale, le mari gardera la capacité d'autoriser sa femme. L'article 34 du Code pénal, en effet, ne parle pas de la déchéance du mari sous ce rapport. Il énumère toutes celles encourues par le mari ; de plus il faut se souvenir que les peines n'existent qu'autant qu'elles résultent d'un texte, et qu'en cette matière les raisonnements par analogie n'ont pas de

[1] Pothier, *Puissance du mari*, n° 12.
[2] Marcadé, art. 222. Aubry et Rau, IV, p. 127.

valeur. En outre, le système contraire conduirait à dire que le mari serait déchu à perpétuité du droit d'autoriser sa femme en cas de peines criminelles, afflictives et infamantes, et qu'il en serait de même lorsque le mari se trouverait puni de la dégradation civique, prononcée comme peine principale.

Quant au contraire, la dégradation est l'accessoire d'une peine afflictive ou infamante, telles que condamnations aux travaux forcés à temps, à la détention, à la réclusion, au bannissement, le mari encourt la déchéance.

Mais une question s'élève de suite au sujet des mots, *pendant la durée de la peine*, que contient l'article 221.

En cas de contumace du mari, ce dernier ne subit pas de peine, il peut donc autoriser valablement sa femme !

M. Valette nous enseigne le moyen de sortir de cette contradiction :

« Il faut considérer comme *durée de la peine* le temps pendant lequel le condamné est sans cesse menacé d'en subir l'application, c'est-à-dire le temps antérieur à la prescription par lui acquise [1]. »

3° *Interdiction du mari.* — Quand le mari est atteint d'aliénation mentale, l'interdiction en a pu être provoquée (art. 489 Cod. civ.), et la femme peut en devenir la tutrice, ainsi que nous l'apprend l'article 507.

Une situation assez bizarre s'offre alors. Est-elle chargée de la tutelle ? la femme, en ce qui concerne les biens de son

---

[1] M. Valette, *Notes sur Proudhon.* t. 1, p. 571.

mari et en ce qui concerne les biens de la communauté, aura toute la capacité d'un tuteur ; elle agira seule là où le tuteur n'a pas à requérir d'autorisation, elle n'aura à se conformer, dans le cas contraire, qu'aux prescriptions qui atteignent le tuteur. En ce qui touche ses biens, elle reste incapable comme par le passé et doit s'adresser à la justice alors qu'il s'agit pour elle d'ester en jugement ou de faire certains actes en dehors de ses pouvoirs d'administration.

Exposer un pareil système, n'est-ce pas condamner la loi ... se crée !

La loi du 30 juin 1838 assimile à l'interdit celui qui est placé dans une maison d'aliénés : ce que nous venons de dire s'y rapporte donc, sauf cependant que la présomption d'incapacité n'est pas absolue.

Mais faut-il assimiler à l'interdit l'époux simplement pourvu d'un conseil judiciaire, lorsqu'il s'agit, pour la femme, d'actes que lui-même ne pourrait faire sans l'assistance de son conseil ?

L'affirmative, pensons-nous, est préférable. L'article 222 parle de l'interdit sans distinguer ; or, il est certain que celui qui est pourvu d'un conseil judiciaire est par la loi assimilé à l'interdit pour certains actes qu'il ne peut plus faire seul. Lorsqu'il s'agit de déterminer à partir de quel moment l'interdiction, ou le jugement donnant un conseil judiciaire, doivent produire leur effet, l'article 502 nous montre bien que le législateur les assimile l'un à l'autre.

D'ailleurs c'est bien là l'esprit du Code, et si l'on compare la capacité du mari mineur à celle du mari pourvu d'un conseil judiciaire, il est facile de voir que les conditions ne sont pas très-différentes ; or, le mari mineur ne saurait, même avec son conseil, donner certaine autorisation maritale ; pourquoi en serait-il autrement du prodigue ?

4° *Minorité du mari.* — Un mari peut être mineur, mais le seul fait du mariage l'émancipe. Quelle sera alors la position de la femme? On décide généralement que pour les actes que le mari peut faire seul, il autorisera valablement la femme, mais que pour ceux où lui-même a besoin de l'assistance de son curateur, la justice devra intervenir.

« Comment le mari, disait M. Portalis, pourrait-il autoriser les autres, lorsqu'il a lui-même besoin d'autorisation [1] ? »

Ce cas ne trouve son application que rarement, il se rapporte seulement à l'action mobilière intentée ou défendue par une femme ayant l'administration de ses biens.

Le mari étant mineur, la femme peut l'être également. Tous deux sont émancipés, mais le mari n'est pas le curateur de l'épouse, qui donnera l'autorisation à la femme si le besoin en naît? L'article 2208 du Code civil indique la marche à suivre.

Le mari étant majeur, mais la femme mineure, cette dernière, par son mariage, devient mineure émancipée et a pour curateur son époux. Il y a là deux incapacités.

Lorsqu'il s'agira de faire des actes pour lesquels l'assistance du curateur suffit au mineur émancipé, l'autorisation maritale se fondra avec l'assistance que doit le curateur.

[1] Locré, *Législation*, t. IV.

Mais alors qu'il conviendra de faire des actes en dehors de ceux de simple administration, il sera de toute nécessité d'avoir recours au conseil de famille, à l'homologation du tribunal et même à l'avis des jurisconsultes, suivant le cas.

Si le mari refuse ou bien se trouve dans l'impossibilité physique ou légale de donner son autorisation, il faudra encore recourir aux prescriptions de l'article 2208.

Enfin, la femme peut être interdite. Généralement son mari sera son tuteur (art. 506), et il en exercera tous les droits. Mais si la tutelle était confiée à un étranger, ce tuteur serait-il soumis à la puissance maritale ? Pour l'affirmative, on peut dire que rien n'autorise à admettre que la nomination d'un tuteur spécial à une femme mariée diminue la puissance maritale, et que d'ailleurs il serait étrange de voir l'administration des biens d'une femme remise à un étranger, en dehors de tout contrôle du mari.

Pour la négative, au contraire, on dit que les articles 215 et 217 ne s'appliquent qu'au cas où la femme jouit de la plénitude de sa raison et agit elle-même ; mais qu'il ne saurait en être ainsi quand la femme est interdite, puisqu'aux termes de l'article 509 elle est purement et simplement assimilée à un mineur ; que dès lors toute l'autorité du mari, relativement aux biens de la femme, a été transportée au tuteur. Enfin, qu'il serait contraire à toute raison de créer, par rapport à ces biens, deux autorités rivales et souvent inconciliables, celle du tuteur et celle du mari.

Il nous reste à déterminer en dernier lieu s'il existe des actes extra-judiciaires où l'autorisation de la justice doive remplacer celle du mari, comme nous avons vu que cela se pratiquait pour la séparation de corps ou la séparation de biens (art. 878 et 8?5 C. proc. civ.).

Deux hypothèses vont alors se présenter :

1° La femme s'oblige envers un tiers dans l'intérêt du mari ;

2° Elle contracte avec son mari.

Que devient alors l'autorisation maritale ?

Sur la première question, on admet généralement que le mari, quoique personnellement intéressé dans l'obligation de la femme, est apte à l'autoriser.

Pour soutenir cette opinion, on s'appuie d'abord sur le Droit Romain, puis sur l'ancien Droit Français, enfin sur le Code civil.

La maxime romaine « *Nemo potest esse auctor in rem suam* [1] », ne s'applique pas au mari dans ses rapports avec sa femme et ne s'applique pas davantage lorsque celle-ci traite avec un tiers même dans l'intérêt de son époux ; qu'avait-on à craindre, en effet ; la présence du tiers n'est-elle pas une garantie contre les violences dont la femme pourrait être victime ?

Mais, objectent les adversaires de cette opinion, l'article 1427 est formel : « La femme ne peut s'obliger ni engager les biens de la communauté, même pour tirer son mari de prison ou pour l'établissement de ses enfants en cas d'absence du mari, qu'après y avoir été autorisée par justice. »

[1] L. 1 et 7, Dig. *De auct. et cons. tut.*

Ce ne serait pas, croyons-nous, donner à l'article 1427 sa véritable signification que de le considérer comme prohibitif contre le mari.

Le sens de l'article 1427 n'est pas que le mari n'a pas le droit, dans le cas qu'il prévoit comme dans d'autres, d'autoriser sa femme pour engager la communauté, mais au contraire que la femme peut, avec l'autorisation de la justice, engager cette même communauté dans les cas exceptionnels que la loi prévoit. Notre article est donc extensif de la capacité de la femme.

Pour compléter nos arguments sur cette question, nous croyons pouvoir dire que l'article 217 ne fait aucune distinction, que les articles 218, 219 et suivants ne mentionnent pas ce cas parmi ceux où l'autorisation de la justice est nécessaire ; qu'enfin les articles 1419, 1431 déclarent formellement que la femme s'oblige valablement avec le consentement du mari dans l'intérêt et comme caution de ce dernier.

La seconde de nos questions donne lieu à des difficultés plus grandes.

L'autorisation de la justice remplace-t-elle celle du mari lorsque la femme contracte avec le mari ?

La solution dépend du parti que l'on prend sur une question préalable qu'il nous faut vider.

Les contrats sont-ils permis entre époux ?

Au point de vue historique, il est bon de remonter à la source de notre Droit. c'est-à-dire au Droit Romain.

A Rome, en général, les contrats sont permis entre époux. Les lois contenues au Digeste peuvent nous en fournir la preuve. Ainsi sont permis : la vente (loi 7, § 6, *de donationibus inter virum et uxorem*), la société (loi 16, § 3, *de alimentis vel cibariis legatis*), le mandat (loi 9, *de jure dotium*), etc., etc.

Les donations cependant, nous l'avons déjà dit plus haut, étaient prohibées entre époux, aucun des actes ci-dessus mentionnés n'aurait été valable s'il eût contenu un avantage au profit d'un des époux.

Les coutumes françaises prirent un système tout opposé au Droit Romain ; aussi voyons-nous les contrats interdits entre époux.

« *Gens mariés ne peuvent céder, donner ou transporter l'un* « *à l'autre quelque chose que ce soit, ni faire contrats ou con-* « *cessions par lesquels les biens de l'un viennent à l'autre, en* « *tout ou en partie.* » Portait la coutume de Normandie (art. 410).

« *Gens mariés*, disait celle du Nivernais (art. 27), *cons-* « *tant leur mariage ne peuvent contracter au profit l'un de* « *l'autre.* »

Et Pothier, appréciant la législation des Romains et celle de nos coutumes, expliquait ainsi l'opposition qui les distingue :

« Notre Droit Français a été beaucoup plus attentif à « prévenir tous les avantages indirects que des conjoints, « par mariage, pourraient se faire par les différentes espè- « ces de contrats qui interviendraient entre eux pendant le « mariage, par lesquels ils transporteraient l'un à l'autre « quelque chose de leurs biens [1]. »

---

[1] Pothier, *Des donations entre mari et femme*, ch. ii, art. 1er, n° 78.

Les coutumes que nous signalons ne sont pas restées sans contradiction. Lebrun écrit : « Rien n'empêche qu'un « mari et une femme séparés contractent l'un avec l'autre, « pourvu qu'ils ne se donnent directement ni indirecte- « ment. »

Quel parti a suivi le Code ?

Deux opinions sont ici en présence.

1° Les contrats entre époux sont défendus en principe. En effet, dit-on :

« *Nemo potest esse auctor in rem suam.* »

Ce premier argument tombe sous une critique immé- diate ; il est fort bien des cas où le mari autorise valable- ment sa femme dans des actes qui le concernent, exemple : la donation, la restriction de l'hypothèque légale de la fem- me sur les biens du mari.

Ecoutons Pothier nous expliquer comment et pourquoi doit se faire l'application de la règle *Nemo potest esse auctor in rem suam* : « Si un tuteur ne peut pas être *auctor* « *in rem suam*, c'est que l'autorité du tuteur étant requise « pour veiller à l'intérêt du mineur, un tuteur n'est pas « propre à autoriser son mineur pour des contrats dans « lesquels le tuteur a un intérêt contraire à celui du mi- « neur ; ce qui ne reçoit aucune application à l'autorisation « du mari, qui n'intervient pas pour veiller aux intérêts « de la femme, qui est capable d'y veiller elle-même, mais « pour habiliter sa femme à contracter ; or, il peut égale- « ment l'habiliter pour un contrat qui intervient entre lui « et sa femme, comme pour des contrats que sa femme « fait avec des tiers ; c'est pourquoi, nonobstant l'avis de

« ces auteurs, il est plus sûr que le mari autorise sa fem-
« me dans les contrats qui interviennent entre lui et
« elle [1]. »

En second lieu, dit-on encore, le législateur s'est toujours méfié des contrats entre époux ; il redoute sans cesse
que des donations déguisées se cachent sous des conventions revêtues de noms trompeurs : « *Entre personnes si
intimement unies*, a dit M. Portalis, *il serait presque toujours
à craindre que la vente ne masquât une donation* ». Or ce qui
est vrai du contrat de vente, doit l'être aussi des autres
contrats.

Enfin, ajoutent les partisans de cette opinion, lorsque le
Code a cru devoir permettre aux époux de contracter entre
eux, il a pris soin de le dire. Ainsi voit-on (art. 1595), trois
cas dans lesquels la vente est autorisée. L'article 1096 règle les donations entre-vifs révocables ; l'article 1451
donne aux époux la faculté de rétablir une communauté
dissoute par la séparation. Enfin, l'article 1577 permet le
mandat. Ne doit-on pas conclure de là que la prohibition
est la règle, et la liberté l'exception ?

Malgré toute la puissance de ce dernier argument, nous
préférons nous rattacher au second système et dire avec lui
que les contrats entre époux sont permis en principe.

En effet :

L'article 1123 nous dit : toute personne peut contracter
si elle n'en est pas déclarée incapable par la loi. Et l'arti-

---

[1] Pothier, *puissance du mari* n° 11.

de 1124, qui énumère les incapables de contracter, ne fait nullement mention des époux.

Maintenant, que l'on observe avec soin les derniers mots de l'article 1124, en se servant des expressions « *et généralement tous ceux à qui la loi a interdit certains contrats.* » Le législateur ne nous avertit-il pas que dans le cours de son œuvre il restreindra la capacité de certaines personnes pour des motifs sérieux, sans attaquer leur liberté. Ainsi s'explique l'article 1595. Le contrat de vente était l'acte le plus dangereux pour les époux, celui où la fraude pouvait se glisser le plus facilement et surtout celui qui permettait les donations déguisées. La loi le prohibe ; mais comme d'un seul coup elle va trop loin, elle revient d'elle-même sur sa disposition et désigne trois cas où le contrat sera valable. Il suffit de les lire pour se rendre compte que les motifs qui dictaient la restriction à la liberté des époux ont alors disparu.

Le Code, croyons-nous, a pris soin de spécialiser les cas où il restreignait la liberté des époux (art. 1394, 1395, 1446).

Quant à l'argument présenté par M. Demolombe en faveur du premier système et qui consiste à dire « *que la soumission et la confiance de la femme disparaîtront si on l'appelle à traiter d'égal à égal avec son mari* [1] », nous le laisserons de côté. Il a une portée sans doute, mais elle est trop étendue par l'auteur ; les rapports d'intérêts sont forcés de mille manières entre époux et épouse. Et puis, qu'il nous soit

[1] Demolombe, t. iv, p. 302.

permis de le dire, nous considérons le sentiment sur lequel il repose (l'infériorité de la femme), comme digne du moyen âge et non du xixme siècle !

Après avoir admis que les époux contractent valablement entre eux, il faut déterminer qui donnera l'autorisation à la femme lorsqu'il s'agira pour elle de rentrer en rapport d'intérêts avec son mari.

Un premier système veut que la justice remplace le mari ; il s'appuie :

1° Sur la règle déjà ci-dessus énoncée : *Nemo potest esse auctor in rem suam.*

2° Sur les articles 1558 et 2144 qui exigent l'intervention de la justice précisément dans des cas où l'intérêt personnel du mari est contraire à celui de la femme, il y a lieu de raisonner *a simili* pour tous les cas du même genre.

3° Sur la considération que, si le mari pouvait valablement autoriser sa femme à contracter avec lui, la fortune de cette dernière serait entre les mains du mari, et qu'il y aurait de plus de grands dangers pour les créanciers personnels de la femme.

A ce premier système si logique, nous en opposerons un autre qui n'a qu'un seul mérite, c'est d'être mieux dans l'esprit de la loi.

La femme, même en contractant avec son mari, est valablement autorisée par celui-ci.

En effet :

La loi qui frappe d'incapacité la femme mariée, nous dit l'article 217, exige le concours du mari en l'acte, ou son autorisation par écrit pour la relever de cette incapacité.

N'est-il pas de toute évidence qu'en traitant avec sa femme le mari concourt par cela même à l'acte, et l'autorise !

De plus, l'autorisation maritale est la règle, l'intervention de la justice l'exception. Or, tout ce qui ne se trouve pas dans l'exception rentre forcément dans la règle, et c'est le cas des contrats entre époux.

Pour ce qui est de la règle *Nemo potest esse auctor in rem suam*, nous savons comment il faut l'entendre. Nous savons aussi qu'elle n'est pas applicable au mari dans ses rapports avec sa femme.

Enfin l'article 1558, sur lequel on se base dans le premier système, ne se réfère pas à une question d'autorisation maritale, mais bien d'aliénation d'un fonds dotal. Or, qui ne sait que, sous le régime dotal, la femme, même avec l'autorisation du mari, ne pourrait aliéner son fonds. C'est une double incapacité qui frappe les époux, et c'est cette double incapacité que l'article 1558 fait lever par la justice.

Quant à l'article 2144, il régit un cas tout à fait spécial, celui où il s'agit de restreindre l'hypothèque légale de la femme sur son mari, et c'est pour cela même, et en considération de sa gravité, que le législateur impose des formes sévères à son accomplissement. *A contrario* donc, les époux peuvent dans tous autres cas agir seuls et sans l'intervention de la justice.

Après avoir parcouru les cas variés où l'autorisation du mari sera, suivant certaines circonstances, remplacée par celle de la justice, il nous reste à nous demander s'il n'y a pas telles situations qui, réclamant l'autorisation maritale excluent à son défaut l'intervention de la justice ; en un mot si le refus du mari pourra toujours être contrôlé, vaincu et suppléé.

Quatre hypothèses se présentent à nous :

1° Art. 1029. — « La femme mariée ne pourra accepter l'exécution testamentaire qu'avec le consentement de son mari. Si elle est séparée de biens, soit par contrat de mariage, soit par jugement, elle le pourra avec le consentement de son mari, ou, à son refus, autorisée par la justice, conformément à ce qui est prescrit par les articles 217 et et 219 au titre *du mariage.* »

Ce qui motive cette distinction faite par la loi entre la femme commune en biens et celle séparée, c'est qu'au premier cas elle n'a pas la jouissance de ses revenus qui appartiennent à la communauté, et que dans le second c'est elle qui profite de cette jouissance.

On comprend fort bien alors que la femme commune ne pourra pas offrir, même avec l'autorisation de la justice, la garantie nécessaire aux héritiers qui doivent supporter son mandat d'exécution testamentaire.

2° L'article 1556 dispose : « Elle (la femme) peut aussi, avec l'autorisation de son mari, donner ses biens dotaux pour l'établissement de leurs enfants communs. »

Cet article, comparé à l'article 1555, nous laisse parfaitement entendre que dans le cas qu'il prévoit, l'intervention de la justice ne saurait être admise. Il y a une question plus grave que l'intérêt des enfants qui surgit alors, c'est le respect dû à l'autorité paternelle. Le père est seul juge de l'opportunité de l'établissement de ses enfants. D'ailleurs, en décidant autrement, on heurterait de front l'article 204, aux termes duquel « l'enfant n'a pas d'action contre ses père et mère pour un établissement par mariage ou autrement. »

L'article 1556 forme une dérogation à l'article 219 ; aussi doit-on se garder de l'étendre. Donc, dans tous les cas où le mari n'aura pas la jouissance des biens de la femme , la justice pourra l'autoriser, malgré le refus du père, à aliéner un immeuble pour établir les enfants communs.

3° Il ressort des articles 83 et 1004 du Code de procédure civile, que, lorsqu'il s'agit de compromettre dans une affaire litigieuse concernant une femme non autorisée de son mari , la justice ne saurait surmonter la résistance de ce dernier.

4° Enfin, l'article 4 du Code de commerce porte : « La femme ne peut être marchande publique sans l'autorisation de son mari. »

Mais cette solution a été très-vivement contestée ; toutefois, nous la croyons trop juridique pour nous en écarter.

Que l'on considère en effet ce que l'opinion contraire peut avoir de fâcheux pour un ménage , tant au point de vue des personnes que des biens.

La qualité de commerçante, prise par la femme, lui donne une certaine indépendance de sa personne qui peut froisser le mari , et les convenances exigent , on ne saurait le nier, que sa volonté soit supérieure aux ordres de la justice, alors qu'il s'agit pour lui de permettre à son épouse d'entreprendre un genre de vie qui, peut-être, sera tout-à-fait opposé à celui qu'il croit devoir lui faire suivre. Ces premières considérations morales ne suffisent pas sans doute, mais en voici d'autres qui viennent les renforcer.

La femme qui va faire le commerce peut n'en être pas capable. Les accidents commerciaux qui pourront l'assaillir exposent son honneur et même sa liberté. La faillite, la banqueroute frauduleuse peut tacher son nom, la soumettre à des peines afflictives et infamantes, sans que le mari puisse intervenir et arrêter de si déplorables effets.

Que si nous considérons le changement qui va survenir dans les rapports des époux, en ce qui regarde leurs biens, nous sommes encore plus effrayés des conséquences de l'opinion contraire à celle par nous émise.

Que l'on lise les articles 5 et 7 du Code de commerce !

Le premier nous dit :

« La femme, si elle est marchande publique, peut, sans
» l'autorisation de son mari, s'obliger pour ce qui concerne
» son négoce ; et audit cas, elle oblige aussi son mari s'il y
» a communauté entre eux. »

Le second porte :

« Les femmes marchandes publiques peuvent également
» engager, hypothéquer et aliéner leurs immeubles. »

Oserait-on admettre que la justice peut, en permettant à la femme de faire le commerce, engager la communauté et le mari ? Non assurément, car ce serait la ruine de la puissance maritale, ce serait la perte du ménage peut-être.

Mais alors, qu'a donc voulu dire le législateur dans ces deux articles ? Nous croyons qu'en édictant semblables dispositions, il ne songeait qu'à un seul cas, celui auquel le mari aurait donné l'autorisation dont la femme a besoin pour faire le commerce.

Ce système est bien rigoureux, nous en convenons aisément, mais il rentre trop dans l'esprit du Code pour que nous l'abandonnions. Nous admettrons cependant les tempéraments qui ont été proposés. En cas de séparation de biens et même de corps, en cas d'absence ou d'incapacité du mari, la justice pourra valablement remplacer l'autorisation maritale. Les juges, en effet, se rendront compte s'il est convenable et urgent de suppléer à la volonté du mari, mais ils ne se mettront pas en contradiction avec elle.

§ V.

Le mari a autorisé sa femme, nous supposons. Quel est alors l'effet de cette autorisation ?

En ce qui concerne la femme. L'autorisation maritale a pour effet de la relever de l'incapacité qui la frappait par suite de sa condition de femme mariée, et de lui restituer la même capacité qu'elle aurait, si elle fût restée fille ou fût devenue veuve.

Mais cette capacité, elle ne la reprend que dans les limites de l'autorisation, et c'est le cas de se rappeler la spécialité qui l'affecte pour en saisir la portée.

C'est ainsi que nous avons admis plus haut l'opinion con-

troversée, il est vrai, qui veut que la femme autorisée à ester en justice, se munisse d'une nouvelle autorisation chaque fois qu'elle change de juridiction.

C'est ainsi que nous admettons que l'autorisation accordée à la femme pour un acte principal, l'habilite pour les
accessoires.

En ce qui concerne le mari. Son autorisation une fois donnée, son rôle est fini. La vieille règle : « *Qui auctor est non
se obligat,* » est applicable, mais l'effet des conventions matrimoniales peut la modifier.

Nous dépasserions le but de notre sujet, si nous nous li-
vrions à la recherche des cas qui, suivant les régimes admis
par les époux, entraînent obligation du mari alors qu'il a
donné son autorisation ; nous rappelons ici seulement les
deux principes qui leur doivent servir de bases.

1° L'autorisation de la justice, même en tenant compte
du régime matrimonial, n'a, en général, d'effet qu'à l'égard
de la femme. Cependant une exception est consacrée formellement par l'article 1427.

2° Sous le régime de séparation de biens, et plus généralement toutes les fois que la femme a l'administration de
certains biens, l'autorisation n'a également d'effet qu'à l'é-
gard de la femme.

Le mari ayant le droit de surveiller, de contrôler les actes
de sa femme, il est naturel qu'après avoir accordé son
consentement pour une affaire déterminée, il puisse le retirer s'il le juge à propos.

Mais de l'exercice de ce droit qui toujours subsiste entre

ses mains , le mari ne saurait faire un abus ; et de suite il faut admettre un tempérament à la règle que nous venons de formuler. Si les choses sont entières, il peut , sans faire tort à sa femme, retirer son consentement ; mais si l'opération pour laquelle il l'avait donné est en cours, il ne le peut plus. L'intérêt sera manifeste , si nous supposons qu'ayant permis à sa femme de faire le commerce, un mari brusquement et sans raison venait se jeter à l'encontre des opérations de celle-ci. La justice aurait alors le droit d'autoriser la femme à continuer ses affaires pendant un certain temps.

Une question peut naître à propos du retrait de l'autorisation maritale. On sait qu'en principe les conventions matrimoniales sont immuables. Si donc nous supposons que par contrat , un mari a relevé sa femme de l'incapacité qui pèse sur elle en tant que femme mariée , peut-on admettre qu'il retirera valablement son autorisation par la suite, sans violer ce principe d'immuabilité.

Il faut distinguer : lorsque le mari a permis à sa femme d'administrer sa fortune personnelle, c'est un régime matrimonial qui est en jeu, et aucune volonté ne saurait le changer. Mais s'il s'agit de toute autre autorisation, le mari aura pouvoir pour la révoquer. En effet, l'article 1388 interdit aux époux de déroger aux droits dérivant de la puissance maritale dans lesquels le droit d'autorisation se trouve compris. Ainsi donc, même par contrat de mariage, si la femme déjà commerçante avait stipulé qu'elle pourrait continuer son commerce , rien n'empêcherait le mari de lui ôter son consentement, sauf bien entendu le recours à la justice s'il y a dol ou inopportunité.

Imaginons à présent que l'autorisation a été donnée à la femme, non plus par son mari, mais bien par la justice, le mari peut-il en ce cas révoquer cette autorisation ? La réponse n'est pas douteuse : personne n'est supérieur à la justice. Tout le monde doit se plier à ses ordres ; donc le mari doit respecter le pouvoir donné à sa femme.

Mais si la femme abusait de cette liberté, soit en se livrant à des entreprises folles et hasardeuses, soit en en faisant dévier le but, le mari, croyons-nous, aurait le droit d'intervenir et de demander au tribunal de retirer cette autorisation.

Le retrait d'autorisation, qu'il vienne soit du mari, soit de la justice, n'a, on doit le comprendre sans peine, d'effet que pour l'avenir. La femme retombe, à partir du jour où il a lieu, dans la même incapacité qui la frappait avant ; mais tout ce qu'elle a pu faire en vertu de cette autorisation est et demeure valable.

Pour informer les tiers du retrait de l'autorisation maritale, la loi n'a pas prescrit de formes spéciales, mais on peut trouver des précédents dans le Code lui-même et les articles 1445, 1451 du Code civil ainsi que l'article 872 du Code de procédure civile sont applicables par analogie.

§ VI.

Nous connaissons maintenant dans quels cas la femme est incapable de faire certains actes sans l'autorisation de son mari ou de la justice et dans quels cas aussi elle peut agir seule, et nous savons que l'effet de l'autorisation soit du mari, soit de la justice, est de lui restituer sa capacité; il nous reste maintenant à nous demander quelle sanction va édicter la loi contre les actes faits par la femme sans autorisation aucune, alors qu'elle lui était nécessaire.

Dans l'ancien droit, le défaut d'autorisation entraînait nullité absolue de l'acte qui était réputé non existant.

Il en résultait que la nullité pouvait être invoquée par toute personne intéressée, qu'elle pouvait l'être à toute époque, enfin qu'elle ne pouvait être couverte par aucune ratification ou confirmation.

Le Code civil a changé cette théorie : l'infraction par la femme à ses prescriptions ne produit plus une nullité mais simplement une annulabilité.

Il résulte donc de ce changement des conséquences inverses de celles posées plus haut, c'est-à-dire que :

La nullité n'est susceptible d'être invoquée que par les personnes dans l'intérêt desquelles la loi l'admet ;

Qu'elle peut être prescrite par un temps plus ou moins long ;

Qu'enfin la ratification ou la confirmation pourront purger le vice.

Art. 225. « La nullité fondée sur le défaut d'autorisation ne peut être opposée que par la femme, par le mari ou par les héritiers. »

Le Code ne fait, dans cet article, qu'indiquer ceux qui peuvent se prévaloir du défaut d'autorisation. Ce sont la femme, le mari, leurs héritiers enfin.

Tout d'abord *la femme*. C'est un droit assez étrange que la loi lui accorde ici. Elle peut se plaindre de n'avoir pas été protégée, elle peut invoquer une nullité dont seule elle est la cause. N'est-ce pas là avoir ouvert la porte à la fraude ? De fait, la femme ne se plaindra qu'alors qu'elle estimera avoir fait une mauvaise spéculation.

Mais la femme peut-elle toujours proposer cette nullité ? La question parfois sera douteuse.

Si la femme s'est présentée aux tiers comme fille majeure ou bien comme veuve, les actes faits par elle pourront-ils encore être déclarés nuls ? oui, dit-on, si la femme n'a pas employé des manœuvres frauduleuses, car il était loisible aux tiers contractants de se précautionner et de vérifier les allégations de la femme, soit avec des témoins certificateurs de son identité, soit en se faisant représenter l'acte de décès du mari. Ils sont donc coupables et doivent s'imputer à eux seuls leur légèreté. L'article 1307 protége la femme contre la déclaration de capacité.

« La simple déclaration de majorité, faite par le mineur, « ne fait point obstacle à sa restitution. »

Mais si la femme a trompé les tiers par des manœuvres frauduleuses, en faisant usage d'une fausse autorisation ou d'un faux acte de décès, son dol élève contre elle une fin de non-recevoir.

Le mari ensuite peut invoquer la nullité. Deux raisons majeures devaient amener cette solution : 1° un intérêt moral d'abord, le respect dû à l'autorité maritale méprisée et violée ; 2° un intérêt pécuniaire ensuite, la femme compromet peut-être sa fortune qui doit servir de soutien au mariage.

Les héritiers tant de la femme que du mari.

Pour les premiers, il n'y a pas de difficultés possibles. L'article 724 les protège : ils sont investis de plein droit des biens, droits et actions du défunt ; or, c'est une action qu'ils trouvent dans la succession de leur auteur.

Mais pour ce qui touche les héritiers du mari, la question est plus délicate. Si l'on se reporte à ce que nous avons dit sur l'intérêt qui a fait donner au mari l'action en nullité, on peut être très-embarrassé pour trancher la question. C'est l'intérêt de la puissance maritale qui fait donner semblable droit au mari ; or, la puissance n'existe plus. Est-ce donc un intérêt pécuniaire qui peut expliquer l'intervention des héritiers du mari ? rarement on trouvera un cas où il existera. Marcadé toutefois en donne un exemple : celui où une femme aurait renoncé à une succession mobilière tombant dans la communauté.

Le sens de l'article 225 n'est pas restreint, comme on le dit souvent, aux héritiers de la femme ; mais il atteint ceux du mari, alors que l'intérêt pécuniaire est en jeu.

Le silence de la loi, au sujet des créanciers de la femme et du mari, doit-il être interprété contre eux ou en leur faveur ?

Pour les créanciers de la femme, il est évidemment certain qu'ils pourront intenter l'action en nullité, en effet, cette action dépend du patrimoine de leur débitrice sur lequel ils ont un droit de gage général (art. 2092). Qu'on n'objecte pas que c'est là un droit inhérent à la personne de la femme dont les créanciers ne sauraient avoir l'exercice (art. 1166), car ce serait une erreur profonde ; c'est simplement un intérêt pécuniaire qui devrait guider la femme dans la demande en nullité et ses créanciers pourront très-bien s'en prévaloir.

Quant aux créanciers du mari, M. Demolombe leur donne droit à l'action. Nous croyons devoir repousser cette opinion, le silence du texte lui est contraire, de plus, si jamais action fût personnelle pensons nous, c'est bien celle du mari ; donc l'article 1166 doit s'appliquer dans toute sa rigueur.

Enfin, *quid* des tiers ? Généralement on leur accorde, alors qu'ils ont traité avec la femme, dans l'ignorance de de son incapacité, le droit de se refuser à l'exécution du contrat, jusqu'à ce que la femme se soit fait autoriser.

§ V.

Il nous reste pour terminer cette importante matière de la capacité de la femme mariée, à nous faire deux questions :

1° Dans quel délai se prescrira l'action en nullité.

2° Quel sera l'effet de la ratification ou de la confirmation de l'acte ainsi entaché de nullité.

L'article 1304, va nous fournir la solution de notre première question :

« Dans tous les cas où l'action en nullité ou en révision
» d'une convention, n'est pas limitée à un moindre temps
» par une loi particulière, cette action dure dix ans, ce
» temps ne court, pour les actes passés par les femmes

» mariées non autorisées, que du jour de la dissolution
» du mariage. »

C'est donc de la prescription décennale qu'il s'agit, mais son point de départ sera différent, selon qu'elle sera invoquée soit par le mari ou ses représentants, soit par la femme.

Au premier cas, c'est du jour de l'acte que doivent courir les dix années, ou du jour où le mari aura connu l'acte. L'opinion contraire émise par Toullier se rattache plus il est vrai au texte de la loi, mais elle n'entre nullement dans son esprit.

Au second cas, c'est du jour de la cessation du mariage que va courir la prescription. Fixer un tout autre délai, eut été mettre la femme dans l'impossibilité de profiter de l'action que lui accordait la loi. La règle des Romains : *Contra non valentem agere, non currit prescriptio;* a été prise en considération par le législateur.

Nous avons admis dans le cours de notre travail, que l'autorisation du mari, devait être donnée avant l'acte, ou pendant sa confection. Le résultat de cette théorie est que survenue postérieurement, cette autorisation n'est plus qu'une simple satisfaction, qu'elle détruit l'action du mari, mais laisse subsister celle de la femme.

Cette opinion est très vivement controversée, on veut au contraire que le consentement du mari, survenu postérieurement à l'acte, soit une véritable autorisation, rendant l'acte valable *ob initio*, et par cela même détruisant l'action de la femme et celle du mari.

Cette dernière manière de voir, généralement admise autrefois, se défendait par les arguments suivants :

Ce qui rend l'acte nul, disait-on, c'est le défaut d'autorisation du mari, or, à quelque moment qu'il intervienne le vice est purgé.

En second lieu. l'article 183 offre une espèce analogue ; le mineur ne peut arguer de la nullité de son mariage pour défaut de consentement de ses parents qu'autant qu'il n'a pas été donné par ses derniers.

Enfin on invoquait les travaux préparatoires du Code. L'article 217 contenait un supplément d'alinéa : « Le con-
» sentement du mari , quoique postérieur à l'acte , suffit
» pour le valider [1]. »

À ces arguments, nous répondrons : 1° que l'article 183 régit une matière exceptionnelle qui n'admet pas d'extension.

2° Les travaux préparatoires du Code sont plutôt en faveur de notre système , puisqu'il nous font voir, après l'in-
certitude du législateur, sa décision formelle , en suppri-
mant l'alinéa final de l'article 217 du projet.

Et pour renforcer notre manière de voir, nous ajouterons à cette réfutation les arguments suivants :

1° Quand la femme se trouve avoir violé les dispositions de l'article 217 , deux actions naissent : celle du mari et la sienne propre. Elles sont indépendantes, ces deux actions ; donc la ratification faite par celui auquel l'une d'elles appartient, ne peut affecter que cette même action.

---

[1] Fenet., t. ix, p. 74, 76.

2° Comment peut-on concevoir que la ratification du mari entraîne la perte de l'action existant au profit de la femme, alors que la prescription de l'action de celui-ci, qui produit le même effet que la ratification , n'éteint pas le droit de cette dernière !

3° Enfin c'est donner carrière à la supercherie , le mari pourra s'entendre avec les tiers.

La ratification peut provenir de la femme.

Faite pendant le mariage sans le consentement du mari , elle n'amène aucun résultat. Avec le consentement du mari, elle éteint les deux actions.

La ratification par la femme, soit pendant le mariage avec l'autorisation de la justice, soit après la dissolution du mariage, éteint l'action qui compète à la femme , mais laisse subsister celle qui appartient au mari.

Cette ratification, de quelle part qu'elle vienne, peut être expresse ou tacite.

CONCLUSION

Nous avons terminé notre tâche, il ne nous reste plus qu'à invoquer l'indulgence de nos juges.

Sans doute, nous ne pouvons pas dire comme certains jurisconsultes : « *His expositis nihil quod cognoscendum sit prætermissum puto* », car nous avons la certitude que de grandes lacunes seront relevées dans notre travail, mais nous croyons avoir fait tous nos efforts pour résumer, grouper et coordonner les dispositions si nombreuses et si éparses tant des lois Romaines que des lois Françaises sur la vaste matière que comporte notre sujet.

Après avoir débuté par une exposition historique des lois orientales et de la Grèce, il semblait naturel, même logique, que nous prissions soin de donner un coup d'œil sur d'autres sources de notre législation Française actuelle, non moins profondes que la source Romaine, nous avons désigné notre droit Germanique et notre droit coutumier. Nous en avons eu l'idée, et si après avoir réuni les documents nécessaires, nous avons renoncé à semblable projet qui nous séduisait tant, c'est que, regrettant presque notre début, nous nous sommes rendu compte que notre travail n'étant, en réalité, qu'un résumé des études scolastiques, c'était faire parade d'une science qu'elles ne comportent pas et dont le moindre défaut serait d'avoir été trop récemment acquise.

Nous n'avons pas hésité, au cours de notre travail, à entrer dans des discussions que l'on pourra sans doute qualifier de scabreuses ; nous avons même osé critiquer la loi, attaquer ses dispositions, émettre des principes opposés aux siens, oubliant un peu notre rôle modeste ici-bas. Qu'on veuille bien nous excuser, notre intention n'a point été de nous ériger en législateur, nous avons seulement voulu exprimer certaines pensées que l'étude du Droit faisait naître à notre esprit. Au surplus, nous dirons avec Montaigne : « *Je dis mon advis de toutes choses, voire de cel-* « *les qui surpassent à l'adventure ma suffisance et que je ne* « *tiens aulcunement être de ma jurisdiction ; ce que j'en opine,* « *c'est aussi pour déclarer la mesure de ma vue, non la me-* « *sure des choses.* »

FIN.

TABLE DES MATIÈRES

Législation française

PREMIÈRE PARTIE

DEUXIÈME PARTIE

* 9 7 8 2 0 1 3 5 8 3 0 8 4 *